하나님,
오늘은 좀
힘이 들었습니다

추천사

들리지 않던 노래가 들리고 보이지 않던 하늘이 보이는 날이 있습니다. 가만히 앉아 있어도 흐르는 눈물을 주체할 수 없는 시간이 있지요. 시편은 죽음과 통곡 그리고 회복된 기쁨의 소리를 담고 있습니다. 그래서 설교자로서는 시편은 해석이 아닌 세월을 통해서 알아가는 본문입니다. 하목사님의 글은 누군가의 아픔을 조용히 안아주는 듯합니다. 강렬하지는 않지만 오랜 여운을 남깁니다. 어떻게 해야할지 모르는 어려움 속에 있는 모든 이에게 자신있게 권합니다. 당신의 아픔이 위로를 경험하시길 기도합니다.

강은도 목사 (더푸른교회 담임)

목사님의 원고를 읽고나서, 제 마음에 제일 먼저 떠오른 말씀은 신명기 말씀이었습니다.

"사람이 자기의 아들을 안는 것 같이, 너희의 하나님 여호와께서 너희가 걸어온 길에서 너희를 안으사 이곳까지 이르게 하셨느니라 (신 1:31)."

흔히 인생을 광야길에 비유합니다. 너나 할 것 없이 우리 모두가 온갖 위험이 도사리고 있고, 한치 앞도 예측할 수 없는 하루하루를 살아가고 있기 때문입니다.

때로는 내 힘으로 어찌할 수 없는 일 앞에서 치를 떨 때도 있고, 때로는 억울한 일을 당할 때도 있고, 때로는 아무도 내편을 들어주는 사람이 없는 것 같아서 외로움을 느끼기도 합니다. 이럴 때는 누군가의 품에 안겨서 실컷 투정도 부리고, 펑펑 울고 싶습니다.

하나님은 이럴 때 우리를 안아주시는 우리의 아버지이십니다. 안타깝게도 그리스도인들 중에는 하나님을 머리로만 믿고, 이 좋으신 아버지의 따스한 품에 안기지 못하는 분들이 많습니다.

이런 맥락에서 하목사님의 책은 하루를 살아내기 힘겹고 버거운 분들을 하나님 아버지의 따스한 품으로 인도해주는 책입니다.

이 책을 읽노라면 하목사님 본인이 경험하지 않았으면 표현할 수 없는, 가슴에서부터 우러나오는 하나님께 대한 신뢰와, 하나님의 품에 안겼을 때 실제적으로 경험하게 되는 쉼과 위로가 녹아 있음을 느끼실 겁니다.

이 책을 천천히 정독하시면 하나님 아버지께서 주시는 쉼을 얻으시게 되리라 확신합니다.

박희석 목사 (광주사랑의교회 담임, 전 총신대학교 교수)

서문

"하나님, 오늘은 좀 힘이 들었습니다."

아마 이 책을 펼치고, 제목이 낯설지 않게 느껴졌을 겁니다. 괜찮은 척 웃어야 했던 하루, 말하지 못하고 속으로 삼켰던 눈물, 이유 모를 절망감에 짓눌려 잠 못 이루던 밤을 보냈을지도 모릅니다. 때로는 믿음으로 살아가고 있다는 사실 자체가 거대한 짐처럼 느껴지기도 합니다.

저는 시편을 묵상할 때마다 가장 먼저 그 솔직함에 놀랍니다. 시편은 믿음의 선배들이 하나님 앞에서 자신의 영혼을 숨김없이 토로한 일기장과 같습니다. "주님, 언제까지 나를 잊으시겠습니까?"(시 13:1)라고 절규하면서도, 결국 "여호와는 나의 목자시니 내게 부족함이 없으리로다"(시 23:1)라고 고백하는, 그 처절한 좌절과 감격의 여정이 모두 담겨 있습니다.

오늘 하루, 우리의 고단함이 헛되지 않음을 믿습니다. 가장 힘들고 지쳤다고 고백하는 그 자리에서, 하나님은 우리의 가장 가까운 피난처가 되어주실 것입니다.

이제 시편의 문을 열고, 그곳에서 우리의 이름을 부르시며 따뜻하게 안아주시는 살아계신 목자, 예수님의 음성을 들어보시길 소망합니다.

2025년 12월
하지훈

목차

추천사 · 2
서문 · 4

Weekly 1
광야에서 길을 잃다

Day 1 나를 붙들어 주소서 · 10
Day 2 주님 언제까지입니까? · 18
Day 3 흔들리지 않고 피는 꽃이 어디 있으랴 · 26
Day 4 무엇에 집중하며 사십니까? · 32
Day 5 광야에서의 기도 · 40
Day 6 네 길을 여호와께 맡기라 · 48

Weekly 2
가장 깊은 밤의 눈물

Day 7   억울한 일을 당할 때에 · 56
Day 8   영혼의 어두운 밤 · 64
Day 9   넘어지고 흔들릴 때 · 70
Day 10 먹구름이 짙을 때 · 78
Day 11 인생의 흑암으로 들어오신 예수님 · 86
Day 12 마음이 상한 자의 기도 · 94

Weekly 3
힘든 시기를 지날 때에 고백

Day 13 내가 주님을 사랑하나이다 · 102
Day 14 여호와는 나의 목자시니 · 110
Day 15 나의 피난처 예수님 · 118
Day 16 회복시키시는 하나님 · 126
Day 17 복을 주시는 하나님 · 134
Day 18 하나님을 가까이 함이 내게 복이라 · 142

Weekly 4
일상, 주님과 동행하는 길

Day 19 지금부터, 감사 · 152
Day 20 인생에게 행하신 기적 · 160
Day 21 하나님을 기억하라 · 166
Day 22 성전 중심의 믿음 · 174
Day 23 왜 찬송해야 하는가 · 182
Day 24 먼저 하나님을 생각하세요 · 190

맺음말 · 198

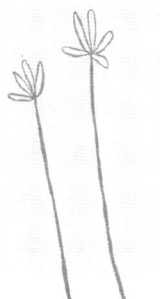

여호와여 주는 나의 방패시요 나의 영광이시요

나의 머리를 드시는 자이시니이다

시편 3편 3절

Weekly 1
광야에서 길을 잃다

⋯

1 여호와여 나의 대적이 어찌 그리 많은지요 일어나 나를 치는 자가 많으니이다
2 많은 사람이 나를 대적하여 말하기를 그는 하나님께 구원을 받지 못한다 하나이다(셀라)
3 여호와여 주는 나의 방패시요 나의 영광이시요 나의 머리를 드시는 자이시니이다
4 내가 나의 목소리로 여호와께 부르짖으니 그의 성산에서 응답하시는도다(셀라)
5 내가 누워 자고 깨었으니 여호와께서 나를 붙드심이로다
6 천만인이 나를 에워싸 진 친다 하여도 나는 두려워하지 아니하리이다
7 여호와여 일어나소서 나의 하나님이여 나를 구원하소서 주께서 나의 모든 원수의 뺨을 치시며 악인의 이를 꺾으셨나이다
8 구원은 여호와께 있사오니 주의 복을 주의 백성에게 내리소서(셀라)

시 3:1-8

Day 1

나를 붙들어주소서

17세기를 대표하는 영성의 대가 중에 '잔느 귀용'이라는 분이 있습니다. 그 분이 쓴 여러 책 중에 『예수 그리스도를 깊이 체험하기』(생명의 말씀사 刊)라는 책에서 이렇게 말합니다.
"나는 당신이 그리스도를 알고자 애쓰는 초신자라고 생각하고 이야기하려 합니다. 주님께로 나아가는데 두 가지 방법이 있습니다. 첫째는 성경 말씀으로 기도하는 것입니다. 둘째는 항상 하나님을 바라보는 것, 곧 하나님의 임재를 기다리는 것입니다. 성경 말씀으로 기도하는 것이야말로 성경을 대하는 유일한 방법입니다."
주님께 나아가기 위해서는 성경을 그냥 문자적으로 읽는 것이 아니라, 성경 말씀을 묵상하며 기도하는 것, 그리고 항상 하나님의 임재를 기다리며 하나님을 바라보는 것이라고 말합니다. 의미 있는 말이라고 생각합니다.
이와 같이 성경 말씀을 가지고 기도하기에 가장 좋은 본문이 어디일까요? 시편입니다. 시편은 기도의 고백이 담긴 시입니다. 시편은 수많은 저자들이 눈물 속에서, 광야길 한복판에서 만난 생생한 주님의 임재를 고백한 시들입니다.

시편 말씀을 묵상하며 기도하는 것, 그리고 시편 고백들을 통해 주님의 임재를 갈망하며 주님만 바라보는 것, 이 2가지를 마음에 두고 시편을 묵상할 때 주님의 더욱 크신 은혜가 있을 줄로 기대합니다.

그렇지만 말씀을 의지하여 기도하고, 주님을 바라보는 것이 말처럼 쉽지 않습니다. 때로는 심각한 스트레스 가운데, 어려운 일들 가운데, 바쁜 일상 가운데 주님께 집중하지 못할 때가 많기 때문입니다. 특히 영적인 어둔 밤이 찾아오고, 절망의 깊은 수렁에 빠질 때 믿음으로 살아가는 것, 그리고 가만히 버티는 것도 힘들 때가 있습니다.

우리는 누구나 광야 인생길을 걸으며 이런 어려움을 경험합니다. 때때로 찾아오는 위기의 순간에 우리는 어떻게 해야 할까요? 시편 3편 말씀을 묵상하며 함께 은혜를 나누기 원합니다.

시편 3편은 다윗이 지은 시입니다. 한글 성경 표제어에 보면 어떤 상황에서 지은 시인지 자세히 설명해 줍니다. '다윗이 그 아들 압살롬을 피할 때 지은 시'라는 제목이 삽입되어 있습니다.

여호와여 나의 대적이 어찌 그리 많은지요 일어나 나를 치는 자가 많으니이다 (시 3:1)

사랑하는 아들 뿐만 아니라 믿었던 신하들이 다윗의 편이 아니라 젊고 힘있는 압살롬에게 붙어서 함께 반역을 하고 있는 상황입니다. 사람이 아무리 많은 사람들에게 인기와 환호성을 받으며 지내도 주변에 한 두명만 공격하고 괴롭히는 사람이 있으면 굉장히 힘듭니다.

그런데 오늘 다윗은 실제 그를 죽이려고 쫓아오는 자들이 한둘이 아닌 상황입니다. 아들 압살롬을 중심으로 쿠데타를 일으켜 많은 사람들이 다윗을 배신하고 압살롬에게 힘을 실어주고 있는 분위기입니다. 이런 상황에서 다윗의 절망감은 이루 말할 수 없을 겁니다. 더욱이 사람들은 다윗을 향해 2절과 같이 조롱합니다.

> 많은 사람이 나를 대적하여 말하기를 그는 하나님께 구원을 받지 못한다 하이다(셀라) (시 3:2)

사람들에게 뿐만 아니라 하나님께도 버림받은 것 같은 상황은 더 이상 살아갈 아무런 소망이 없는 어둠의 시간입니다.

시편 3편은 다윗이 과거에 밧세바를 범한 죄 때문에 징계하는 것이라고 보는 경우도 있습니다. 물론, 다윗의 죄로 인한 하나님의 심판일 수도 있지만, 시간이 수십년 지난 상황이기 때문에 꼭 그렇게 보지 않는 학자들도 있습니다. 여러 고난들이 우리의 죄악으로 인한 결과이기도 하지만, 그렇지 않는 경우도 있습니다. 애매한 고난도 있고, 욥처럼 진실한 믿음 생활을 하는데도 받는 고난도 있습니다. 고난이 찾아오는 이유는 우리가 다 해석할 수 없습니다. 그러나 분명한 것은, 말할 수 없는 고난과 절망적인 상황이 누구에게나 찾아올 수는 있지만, 절대 잊지 말고 기억해야할 진리가 있다는 것입니다.

여호와여 주는 나의 방패시요 나의 영광이시요 나의 머리를 드시는 자이시이다 (시 3:3)

소망이 다 끊긴 상황, '이러다 인생 마감해야하나' 라고 생각밖에는 안 들 정도로 절망적인 상황에서 다윗은 정반대로 시선을 돌려 고백합니다.

"여호와여 주는 나의 방패십니다"
"주님만이 나의 영광입니다"
"주님은 이 절망 속에서도 나의 머리를 드시는 분이십니다"

모든 소망이 사라져 버린 상황 속에서도 우리는 담대히 나아갈 수 있습니다. 우리에게는 하나님께서 방패가 되어 주시기 때문입니다. 또한 4절에 이렇게 말씀합니다.

내가 나의 목소리로 여호와께 부르짖으니 그의 성산에서 응답하시는도다(셀라) (시 3:4)

언제나 우리가 부르짖기만 하면 응답하시는 분, 우리가 찾기만 하면 만나주시는 주님이 계시는데 우리가 무엇 때문에 절망할 필요가 있겠습니까?

우리가 평소에도 신앙 생활을 유지하는 것이 쉽지 않지만, 갑자기 예기치 않는 고난이 찾아오면 주님을 찾기가 쉽지 않습니다. 어떻게 할 바를 몰라 고뇌하는 것이 우리의 연약함입니다. 그러나 그 깊은 영혼의 밤이 찾아올 때, 신앙의 진정한 정수가 드러나게 됩니다.

마치 그동안 내가 선택해서 신앙생활을 잘 해 왔던 것 같지만 절망의 순간, 실상은 내 힘으로 믿음을 지켜 온 것이 아님을 알게 됩니다.

> 내가 누워 자고 깨었으니 여호와께서 나를 붙드심이로다 (시 3:5)

당장 죽음의 위협 앞에 수많은 사람이 죽이려고 달려드는 상황 속에서 어떻게 평안히 잠을 잘 수가 있겠습니까? 시편 기자의 5절 고백밖에 다른 이유가 없습니다.

> 여호와께서 나를 붙드심이로다 (시 3:5)

여기서 '붙드심이로다'는 진행형입니다. 언제나 어제나 오늘이나 내일이나 영원토록 변치않고 우리를 붙들어 주신다는 말씀입니다. 또한 '붙드심이로다'의 원어 의미는 '지탱하다, 떠받치다, 지지하다'라는 의미를 담고 있습니다.

내가 신앙생활 하면서 하나님을 붙들고 살아가는 것 같지만, 실상은 하나님께서 우리를 붙드시고, 우리의 믿음이 떨어지지 않도록 지탱하시고, 우리의 신앙이 무너지지 않도록 떠받치고, 우리의 삶을 지지하고 있었다는 것입니다.

하나님께서 한결같이 우리를 붙들고 계십니다. 이 믿음의 확신이 있어야 어떤 상황 속에서도 흔들리지 않고 믿음 생활을 할 수 있습니다. 나의 어떠함과 상관없이 그분의 신실하신 사랑으로 나를 영원히 붙들고 계시다는 확신, 곧 주님의 붙드심에 대한 확신이 있을 때 우리는 담대히 승리할 수 있습니다. 나를 향한 변치 않는 주님의 붙드심을 기억하며 오늘도 살아가시길 소망합니다.

주님의 붙드심을 신뢰하는 자에게 어떤 축복을 약속하십니까?

천만인이 나를 에워싸 진 친다 하여도 여호와여 일어나소서 나의 하나님이여 나를 구원하소서 주께서 나의 모든 원수의 뺨을 치시며 악인의 이를 꺾으셨나이다 구원은 여호와께 있사오니 (시 3:6-8)

나를 향한 주님의 붙드심을 확신하는 자에게 이와같이 약속하십니다.

1. 어떤 상황에서도 두려워하지 않게 하십니다.
2. 주님께서 친히 원수를 대신 갚아 주십니다.

3. 주님의 복을 풍성히 내려주십니다.

혹시 갑자기 밀어닥친 어려운 상황 속에 어떻게 할 바를 몰라 깊은 어두운 밤 한가운데 계신 분이 있으십니까? 우리의 절망이 아무리 깊다 할지라도, 우리의 상황이 아무리 우겨 쌈을 당했다 할지라도, "여호와께서 나를 붙드심이로다" 이 말씀을 기억하시길 바랍니다.

주님은 나를 늘 붙들어 주십니다. 항상 나를 꽉 붙잡고 인도하시는 주님의 붙드심을 확신하며, 오늘도 담대히 살아가는 복된 성도님들 되시길 주님의 이름으로 축복합니다.

⋯

1 여호와여 어느 때까지니이까 나를 영원히 잊으시나이까 주의 얼굴을 나에게서 어느 때까지 숨기시겠나이까
2 나의 영혼이 번민하고 종일토록 마음에 근심하기를 어느 때까지 하오며 내 원수가 나를 치며 자랑하기를 어느 때까지 하리이까
3 여호와 내 하나님이여 나를 생각하사 응답하시고 나의 눈을 밝히소서 두렵건대 내가 사망의 잠을 잘까 하오며
4 두렵건대 나의 원수가 이르기를 내가 그를 이겼다 할까 하오며 내가 흔들릴 때에 나의 대적들이 기뻐할까 하나이다
5 나는 오직 주의 사랑을 의지하였사오니 나의 마음은 주의 구원을 기뻐하리이다
6 내가 여호와를 찬송하리니 이는 주께서 내게 은덕을 베푸심이로다

시 13:1-6

Day 2
주님 언제까지입니까?

우리의 인생은 한치 앞도 알 수 없습니다. 우리가 앞길을 다 알고 미리 예측하고 예상하며 살아간다면 좋을 것 같지만, 알 수 없는 것이 인생길입니다.

형통한 날에는 기뻐하고 곤고한 날에는 되돌아 보아라 이 두 가지를 하나님이 병행하게 하사 사람이 그의 장래 일을 능히 헤아려 알지 못하게 하셨느니라 (전 7:14)

기쁜 일, 곤고한 일 모두 하나님의 허락하심 가운데 일어나는 일이기에 오직 모든 장래를 아시고, 인생을 인도하시는 분은 하나님 뿐입니다. 우리는 앞날을 알지 못하지만, 하나님은 아시고, 우리는 또 실수하고 넘어지지만, 하나님은 우리를 일으켜 세워주시는 사랑의 주님이십니다.

인생길 중에 심한 어려움, 극심한 절망, 낙심된 상황이 오랫동안 지속되는 것만큼 힘든 일이 없습니다. 낙심이 오래 지속될수록 우리 영혼과 마음은 병들고 앞으로 나아갈 힘과 소망도 점차 잊어버리게 됩니다. 그것도 어려운 상황이 어느 정도 지속되고, 언제쯤 끝날 것이라는 기대가 남아있으면 그래도 버틸만 합니다. 그런데 언제 끝날지 모르는 고난이 지속될 때, 낙심되는 상황이 끊임없이 몰려올 때 그것을 이겨내는 것은 너무나 힘든 일입니다. 오늘 본문에 등장하는 시편 기자도 극심한 어려움 속에 호소하고 있습니다.

여호와여 어느 때까지니이까 나를 영원히 잊으시나이까 주의 얼굴을 나에게서 어느 때까지 숨기시겠나이까 (시 13:1)

'주님, 도대체 언제까지 나를 영원히 잊으시겠습니까?'
'주님, 도대체 언제까지 주님의 얼굴을 나에게 숨기시겠습니까?'

고난도 힘들지만, 고난보다 더 두려운 것이 주님의 부재입니다. 주님이 전혀 안 계신 것 같을 때, 내가 이렇게 힘들고 아픈데 주님은 나에게 전혀 관심이 없는 것 같을 때, '주님, 저를 영원히 잊으셨습니까?' 토로하며 모든 소망이 끊어진 고통을 마주하게 됩니다. 또한 2절에 다윗은 계속해서 이해할 수 없는 상황 속에 주님께 절규합니다.

나의 영혼이 번민하고 종일토록 마음에 근심하기를 어느 때까지 하오며 내

원수가 나를 치며 자랑하기를 어느 때까지 하리이까 (시 13:2)

'주님, 도대체 언제까지 나의 영혼이 번민하고, 나의 마음이 종일토록 근심해야 합니까?'
'주님, 도대체 언제까지 나의 원수가 나를 치며 자랑하게 놔두실 겁니까?'

1절과 2절에 계속 반복해서 하는 질문이,
'주님, 도대체 언제까지 입니까?'
'주님 이 고통의 끝이 도대체 언제입니까?'

고통의 기한이라도 알면, 언제 이 고난이 멈추는 줄만 안다면 조금이라도 버티고, 다시 힘낼 수 있을텐데 영원히 끝날 것 같지 않은 이 절망의 상황을 주님 왜 살펴보지 않으십니까? 라는 애절한 마음이 담긴 고백입니다. 이런 고난의 깊은 밤을 보내고 있는 영혼이 다윗 때 뿐만 아니라 요즘 우리가 사는 삶 속에서도 자주 찾아볼 수 있습니다.

'대체 나에게 왜 이런 일들이 생기는 거지?'
'도대체 이 낙심되는 상황들은 언제 끝나는 거지?'
'하나님을 믿는 백성에게 왜 이런 절망이 찾아와야만 하는 거지?'

주님 앞에 이해되지 않는 질문을 끊임없이 해야만 하는 인생길을 우리는 걸어가고 있습니다. 그렇지만 우리 하나님의 백성에게 소망이 있는 것은 우리가 의지할 분이 계시다는 겁니다.

여호와 내 하나님이여 나를 생각하사 응답하시고 나의 눈을 밝히소서 내 사망의 잠을 잘까 하오며 두렵건대 나의 원수가 이르기를 내가 그를 이겼다 할까 하오며 내가 흔들릴 때에 나의 대적들이 기뻐할까 하나이다 (시 13:3-4)

'하나님이여 나를 생각하소서'
'하나님이여 나에게 응답하소서'
'하나님이여 나의 영혼의 눈을 밝히소서'

절망을 소망으로 바꿀 수 있는 것은 기도의 힘입니다. 우리 안에 절망을 묵상하면 할수록 우리는 더 깊은 절망으로 넘어질 수밖에 없습니다. 그러나 우리에게 소망을 주시는 분, 우리를 다시 살리시는 분, 우리를 십자가의 능력으로 회복하시는 분, 이러한 주님을 의지하여 기도할 수 있는 것이 성도의 특권입니다.

'주님, 이 깊은 어둠 속에 제가 사망의 잠을 잘까 두렵습니다.'
'주님, 나의 원수가 이겼다고 자랑할까 두렵습니다.'
'내가 흔들리고 넘어질 때 나의 대적들이 기뻐할까 두렵습니다.'
'주님, 나를 인도하소서.'

간절히 기도하는 영혼에게 주님께서 새로운 소망으로 이끌어 주실 것입니다. 특별히 오늘 시편 13편은 그가 십 수년간 사울을 피해 도망 다니며 죽음의 위협 가운데 기록했을 것으로 봅니다. 그 오랜 고난 속에, 절대 끝날 것 같지 않는 고난 속에 그는 영적인 질서를 분명히 깨닫고 있었습니다. 비록 오늘 본문처럼 절망적인 상황 가운데, 너무나 초라하고 비참한 현실 속에서 주님 앞에 울부짖으며 시편을 시작하지만, 그는 현실을 뛰어넘는 하나님의 은혜를 간절히 기도로 구하고 있습니다.

눈물의 제목이 기도로 승화되어 하나님의 손에 붙들리는 순간, 소망의 재료로 아름답게 사용되고 있습니다. 이러한 간절한 기도의 고백을 하고, 다윗은 5-6절에 선포합니다.

나는 오직 주의 사랑을 의지하였사오니 나의 마음은 주의 구원을 기뻐하리이다 내가 여호와를 찬송하리니 이는 주께서 내게 은덕을 베푸심이로다 (시 13:5-6)

분명 1절에서는 '주님 대체 언제까지입니까? 영원히 저를 버리셨습니까?' 이런 절규 속에 시작했는데, 주님께 기도로 맡기고는 언제 그랬냐는 듯이 담대하게 선포합니다.

'나는 오직 주의 사랑을 의지하였습니다.'
'나의 마음은 주의 구원을 기뻐하겠습니다.'

'나는 하나님만 찬송하겠습니다.'
'주님께서 내게 은혜를 베푸실 것이기 때문입니다!'

아직 완성되지는 않았지만 이미 주님께서 이루신 승리를 선포하고 있습니다. 이것이 성도의 특권입니다. 나는 여전히 낙심의 자리에 있고, 여전히 절망의 상황에 놓여 있을지라도,
 '주님 도와주십시오, 주님 나를 긍휼히 여기시고 생각하여 주십시오' 기도하고, 주님께서 베푸실 승리를 미리 찬양하는 것, 성도가 누릴 수 있는 승리의 은혜입니다.

우리는 수시로 낙심되는 순간이 찾아올 수 있습니다. 여전히 절망의 상황에 버려진 것 같은 현실에 처할 수도 있습니다. 그러나 그럴 때마다 다윗이 고백했던 5절 '나는 주의 사랑을 의지하였습니다!'라는 말씀을 기억해야 합니다.
 여기서 사용된 '주의 사랑', '헤세드'라는 단어는, 절대 변하지 않는 '하나님의 사랑, 은혜'를 의미합니다. 이것은 우리의 어떠함이 아니라 하나님의 신실하신 언약에 기초한 사랑을 말씀하는 것입니다.
 다윗은 어려움 속에서도 분명한 비결을 알았습니다. 절대 끝날 것 같지 않는 절망적인 상황 속에서도 하나님은 여전히 신실하신 사랑으로, 변치 않으시는 약속의 은혜로 끊임없이 붙들고 계시다

는 것을 믿었습니다. 그리고 나를 항상 사랑하고 계시고, 나에게 은혜를 베풀며 돌보고 계시다는 진리를 잊지 않았습니다.

　오늘도 살아갈 때 상황과 환경이 아니라, 언제나 변함없는 헤세드의 사랑, 나를 향하신 주님의 십자가 은혜를 기억하시며 담대히 승리하는 복된 성도님들 되시길 소망합니다.

⋯

1 내가 나의 완전함에 행하였사오며 흔들리지 아니하고 여호와를 의지하였사오니 여호와여 나를 판단하소서
2 여호와여 나를 살피시고 시험하사 내 뜻과 내 양심을 단련하소서
3 주의 인자하심이 내 목전에 있나이다 내가 주의 진리 중에 행하여
4 허망한 사람과 같이 앉지 아니하였사오니 간사한 자와 동행하지도 아니하리이다
5 내가 행악자의 집회를 미워하오니 악한 자와 같이 앉지 아니하리이다
6 여호와여 내가 무죄하므로 손을 씻고 주의 제단에 두루 다니며
7 감사의 소리를 들려 주고 주의 기이한 모든 일을 말하리이다
8 여호와여 내가 주께서 계신 집과 주의 영광이 머무는 곳을 사랑하오니
9 내 영혼을 죄인과 함께, 내 생명을 살인자와 함께 거두지 마소서
10 그들의 손에 사악함이 있고 그들의 오른손에 뇌물이 가득하오나
11 나는 나의 완전함에 행하오리니 나를 속량하시고 내게 은혜를 베푸소서
12 내 발이 평탄한 데에 섰사오니 무리 가운데에서 여호와를 송축하리이다

시 26:1-12

Day 3

흔들리지 않고 피는 꽃이 어디 있으랴

예전에 어린이 찬송가 중에 [사막에 샘이 넘쳐흐르리라]라는 찬양이 있습니다. 히브리 민요를 편곡한 곡인데, 많이들 불러 보셨을 겁니다.

사막에 샘이 넘쳐 흐르리라 /
사막에 꽃이 피어 향내 내리라 /

이런 곡이죠. 사막처럼 도저히 불가능한 상황 속에서도 주님이 함께하시면 꽃이 피고 향내 내리라는 찬양입니다.

사막은 꽃이 무성하게 피어, 크게 기뻐하며, 즐겁게 소리칠 것이다. 사막에서 꽃 피며, 사람들이 주님의 영광을 보며, 우리 하나님의 영화를 볼 것이다. (새번역 성경, 사 35:2)

이처럼 주님께서는 우리가 메마른 땅 가운데서도 주님의 영광 가운데 꽃과 같이 아름답고 향기로운 삶을 살아가기 원하시는 사랑의 주님이십니다. '사람이 꽃보다 아름다워~'라는 어느 노랫말 가사처럼 하나님께서 창조하신 꽃과 비교할 수 없이 우리는 아름답고 영광스러운 주님의 자녀들입니다.

그런데 요즘 우리의 모습은 어떤 것 같습니까? 웃을 일 보다는 한숨 지을 일이 많은 것 같고, 기쁨보다는 걱정할 일이 많은 메마른 땅을 걸어가는 시간을 보내고 있지는 않습니까?

그럼에도 우리가 이 아침에 새 소망을 가질 수 있는 것은 광야 같은 메마른 땅 가운데서도 주님의 은혜가 함께하시고, 주님의 영광이 임하시면 아름다운 꽃과 같이 향기롭고 존귀한 삶을 살 수 있다고 말씀해 주고 있기 때문입니다.

오늘 우리가 묵상하고 있는 시편 26편 본문 말씀도 광야 같은 인생길, 억울하기 짝이 없는 답답한 현실 속에서도 향기롭고 아름다운 꽃과 같은 삶을 살았던 다윗의 고백을 들려주고 있습니다. 시편 26편은 다윗이 굉장히 억울한 고통 가운데 기록한 시로 보입니다. 자기의 잘못과는 상관없이 온갖 고난이 쓰나미처럼 갑자기 밀어닥친 상황입니다.

사울 왕을 피해 도망가는 죽음의 위협 속인지, 말년에 사랑하는 아들, 압살롬에게 배신당하여 눈물 흘리며 도망가는 상황인지, 아니면 세바의 반역 사건으로 인해 고통가운데 피난가는 배경인지 정확히 알 수는 없습니다. 그렇지만 분명한 것은 굉장히 억울한 고통 가운데 지은 시입니다. 1절에 보면 이렇게 고백합니다.

내가 나의 완전함에 행하였사오며 흔들리지 아니하고 여호와를 의지하였오오니 여호와여 나를 판단하소서 (시 26:1)

'내가 나의 완전함에 행하였사오니…'
자신이 완전하게, 온전하게 행하였다는 다윗의 자신 있는 고백을 들을 때 어떤 생각이 먼저 드시나요? '그래~ 완전하게 살아야지' 인가요? 아니면 '어떻게 완전하게 살 수 있지, 우리는 죄인인데' 하며 뭔가 이질감이 들지는 않은가요? 내가 완전하다는 고백을 들을 때 거부감이 드는 것이 당연합니다.

그렇다면 다윗은 왜 이렇게 교만하게 느껴지는 고백을 하고 있는 것일까요? 하나님 앞에 모두 다 죄인이고, 온전한 사람은 없는데 어떻게 이런 겸손치 못한 고백을 하고 있는 걸까요?

이 '완전함'이라는 단어는 히브리어 '베툼미' 로 '온전하다, 완전하다, 성실하다'라는 의미를 담고 있습니다. 그런데 구약 성경에서 이 단어가 어떤 행위의 '완전함'을 뜻하기보다는 하나님과의 언약적 관계에서의 '완전함'을 말합니다.

하나님 보시기에 '완전함' 즉, 아무런 흠이나 허물이 없는, 행위의 측면에서 완전함이 아니라 하나님께서 인정해 주시는 법적인 측면에서의 완전함을 의미합니다.

만일 다윗이 전혀 죄를 짓지 않고 스스로 완전무결한 삶을 살았다면 1절 하반 절에 나오는 "여호와를 의지하였사오니" 라는 말을 할 필요가 없었을 것입니다. 다윗은 '나는 죄인이고, 여전히 부족하지만 여호와를 의지함으로, 여호와를 의지하였사오니, 주님이 베풀어 주시는 은혜와 언약 가운데' 완전해졌음을 선포하고 있는 겁니다. 우리가 어떻게 하나님 앞에 온전하게 세워질 수 있겠습니까? 주님이 약속하신 말씀, 언약에 근거할 때만 가능합니다.

> 우리는 그리스도 안에서 그의 은혜의 풍성함을 따라 그의 피로 말미암아 속량 곧 죄 사함을 받았느니라 (엡 1:7)

메마른 땅을 걸어가며 여전히 넘어지고, 여전히 억울한 일을 당할지라도 우리를 날마다 새롭게 세우시는 예수 그리스도만 의지할 때 주님께서 우리를 다윗과 같이, 노아와 같이, 아브라함과 같이 완전한 자로 세워주실 것입니다.

주님을 의지한다는 말이 추상적으로 들릴 수도 있습니다. 주님을 의지한다는 것을 더 구체적으로 묵상해 보자면 주님을 사랑하는 것입니다.

> 여호와여 내가 주께서 계신 집과 주의 영광이 머무는 곳을 사랑하오니 (시 26:8)

> 주님, 주님께서 계시는 집을 내가 사랑합니다. 주님의 영광이 머무르는 그곳을 내가 사랑합니다.(새번역 성경, 시 26:8)

주님을 의지하는 자는, 주님을 사랑하는 자입니다. 더 실제적으로 주님이 계시는 집, 주님의 영광이 머무는 그곳을 사랑하는 자입니다. 그곳이 어디입니까? 먼저는 우리 마음입니다. 우리 마음

중심에 주님은 함께하시기 때문입니다.

또 주님의 영광이 머무는 곳이 예배드리는 우리 집, 골방이 될 수 있습니다. 또한 주님의 은혜가 가득한 교회 예배당이 될 수 있습니다. 물론 이 고백은 장소의 의미보다 존재의 개념입니다. 그럼에도 다윗은 일평생 하나님의 성전을 사모하였습니다.

> 주의 궁정에서의 한 날이 다른 곳에서의 천 날보다 나은즉 악의 장막에 사는 것보다 내 하나님의 성전 문지기로 있는 것이 좋사오니 (시 84:10)

무엇이 그의 마음을 일평생 성전을 사모하고, 성전을 중심으로 살아가게 하였습니까? 주님의 임재, 주님의 영광, 주님의 은혜를 간절히 소망하며 주님만 사랑한 자였기 때문입니다.

지금 나의 마음 가운데 어떤 간절한 소원이 있습니까?
다른 무엇보다 주님의 임재, 주님의 영광, 주님의 은혜를 사모하며 주님만 사랑하고자 하는 마음이 가득하시길 소망합니다.

∴

1 여호와여 내가 주를 높일 것은 주께서 나를 끌어내사 내 원수로 하여금 나로 말미암아 기뻐하지 못하게 하심이니이다
2 여호와 내 하나님이여 내가 주께 부르짖으매 나를 고치셨나이다
3 여호와여 주께서 내 영혼을 스올에서 끌어내어 나를 살리사 무덤으로 내려가지 아니하게 하셨나이다
4 주의 성도들아 여호와를 찬송하며 그의 거룩함을 기억하며 감사하라
5 그의 노염은 잠깐이요 그의 은총은 평생이로다 저녁에는 울음이 깃들일지라도 아침에는 기쁨이 오리로다
6 내가 형통할 때에 말하기를 영원히 흔들리지 아니하리라 하였도다
7 여호와여 주의 은혜로 나를 산 같이 굳게 세우셨더니 주의 얼굴을 가리시매 내가 근심하였나이다
8 여호와여 내가 주께 부르짖고 여호와께 간구하기를
9 내가 무덤에 내려갈 때에 나의 피가 무슨 유익이 있으리요 진토가 어떻게 주를 찬송하며 주의 진리를 선포하리이까
10 여호와여 들으시고 내게 은혜를 베푸소서 여호와여 나를 돕는 자가 되소서 하였나이다
11 주께서 나의 슬픔이 변하여 내게 춤이 되게 하시며 나의 베옷을 벗기고 기쁨으로 띠 띠우셨나이다
12 이는 잠잠하지 아니하고 내 영광으로 주를 찬송하게 하심이니 여호와 나의 하나님이여 내가 주께 영원히 감사하리이다

시 30:1-12

… Day 4

무엇에 집중하며 사십니까?

시편 30편은 표제어에 '다윗의 시'라고 기록되어 있습니다. 다윗이 지은 시이지만, 동시에 표제어에 보면 '성전 낙성가'라고 적혀 있습니다. 낙성(落成)이란 건축물의 완공을 의미합니다. 그러니 성전 낙성가는 성전 건축을 모두 마치고 완공한 것을 축하하며 찬양하는 노래라는 뜻입니다.

그런데 우리가 아는 것처럼 다윗이 성전을 건축했나요? 간절히 건축하고 싶어 했지만, 하나님께서 허락하시지 않으셨습니다. 다만, 그의 아들 솔로몬을 통해 아름다운 예루살렘 성전을 짓도록 하셨습니다. 그런데 어떻게 다윗이 지은 시가 성전 낙성가로 불릴 수가 있었을까요? 다윗의 후대 사람들이 아주 은혜롭고 중요한 시이기에 성전 낙성가로 사용한 것으로 보입니다.

시편 30편은 사람이 당하는 가장 큰 아픔, 고통, 그러나 그 가운데 주님께서 부어주시는 놀라운 기쁨과 은혜를 찬양하고 있습니다. 이 시편의 배경이 되는 사건이 무엇인지는 정확히 알 수 없지만, 다윗이 왕이 되고 주위의 모든 나라를 다 평정한 후에 인구조사를 실시한(삼하 24) 이후로 생각해 볼 수 있습니다.

모든 것이 하나님의 은혜이고 돌보심이었는데 다윗은 순간 교만함 가운데 인구 조사를 실시합니다. 그 일로 하나님께서는 진노하셔서 무서운 전염병으로 이스라엘을 치셨습니다. 하루에 무려 7만 명이 죽게 되는 끔찍한 일이 벌어졌습니다.

그때 다윗은 수많은 사람이 죽어 나가는 것을 보며 하나님 앞에 무릎을 꿇고 간절히 회개하였습니다. 그리고 아라우나의 타작마당을 비싸게 사서 하나님께 제단을 쌓고 제사를 드렸더니 하나님의 재앙이 그치는 일이 있었습니다.

아무리 신앙이 좋아도 순간 순간 깨어있지 않으면 언제든지 넘어질 수 있는 것이 우리 연약한 인생입니다. 언제든 죄의 유혹이, 또 수많은 고난과 근심거리가 우리를 짓누를 수 있는 광야 인생길을 걷고 있습니다. 이런 하루하루의 삶 가운데 우리는 어떻게 살아야 할까요?

1. 가장 중요한 것에 집중하라

게리 켈러가 쓴 '원씽(One thing)'이라는 책이 있습니다. 부제로 '복잡한 세상을 이기는 단순한 힘'이라는 제목입니다. 기독교 서적은 아니고 일반 경영 관련 서적인데 여기서 말하는 핵심은 이것입니다. '가장 중요한 것에 집중하라'

'원씽'이라는 책 이름 그대로 단 한 가지에 집중하라고 제시합니다. 책에 이런 내용이 나옵니다.

'버리고, 선택하고, 집중하라.'

'나에게 가장 중요한 것 '단 하나'는 무엇인가? 이것을 먼저 생각해야 한다.'

그러면서 "의심해 봐야 할 성공에 관한 믿음" 중에, "모든 일은 다 중요하다는 말은 거짓이다. 가장 중요한 일을 찾아서 집중하는 것이 더 중요하다." 라는 내용이 있습니다.

우리도 신앙생활 하면서 생각해 봐야 할 부분입니다. 분주한 세상 속에서 여러분은 어느 것에 집중하고 있나요? 평상시보다 집중력이 분산되는 경우가 언제인가요?

보통 사람이 어려움을 당하거나 고난을 당하면 평소와 같은 평정심을 유지하기 어렵습니다. 이성적으로나 감정적으로 균형감을 상실하고 엎친 데 덮친 격으로 실타래처럼 꼬이고 꼬여 도저히 스스로 헤어 나오지 못하는 복잡한 상황에 빠질 수 있습니다. 무엇을 먼저 해야 할지, 어떻게 해야 할지, 도무지 보이지 않는 안개 속 상황에서 방황할 때가 있습니다. 그런데 오늘 본문에서 무엇이라고 말씀합니까?

여호와 내 하나님이여 내가 주께 부르짖으매 나를 고치셨나이다 여호와여 주께서 내 영혼을 스올에서 끌어내어 나를 살리사 무덤으로 내려가지 아니하게 하셨나이다 주의 성도들아 여호와를 찬송하며 그의 거룩함을 기억하며 감사하라 (시 30:2-4)

시편 30편은 총 12절로 구성되어 있습니다. 그중에 특이하게도 하나님의 이름이 무려 25번이나 등장합니다. '여호와'가 10번, 나의 '하나님'이 2번, 그리고 '주(그)'가 13번 나옵니다.

무엇을 의미하겠습니까? 지금 시편 30편에서 시인은 온통 하나님께만 모든 생각, 모든 도우심, 모든 마음을 집중하고 있습니다. 하나님이 살려주셔야만 살 수 있기에, 놀라우신 하나님의 도우심을 찬양하고 간구하고 있습니다.

> 여호와여 주의 은혜로 나를 산 같이 굳게 세우셨더니 주의 얼굴을 가리시매 내가 근심하였나이다 (시 30:7)

주님께서 은혜 베풀어 주셔야만 살아갈 수 있고, 주님께서 은혜의 얼굴을 가리시면 인생은 근심과 염려로만 가득 찰 수밖에 없음을 그는 몸소 체험하며 고백하고 있습니다.

> 여호와여 들으시고 내게 은혜를 베푸소서 여호와여 나를 돕는 자가 되소서 하였나이다 (시 30:10)

여러분은 요즘 무엇에 마음을 집중하고 있나요? 어떤 생각으로 가득 차 있나요? 우리에게 은혜를 베풀어 주시는 분, 우리를 도와주시는 분, 그 주님께 집중하기를 원합니다. 오늘 하루도 수많은 생각 속에 하나님을 먼저 생각하고, 기억하는 믿음의 성도들 되시길 소망합니다. 이런 찬양의 고백이 있습니다.
'안개가 날 가리워, 내 믿음 흔들리려 할 때'
그때 어떻게 합니까?
'나 주님께 나아가네'
'주는 나의 도움이시며 주의 계획 영원하시네 주의 위엄 앞에 믿음으로 순종의 예배드리리'
주님께 집중하는 자에게 11절과 같은 은혜를 부어주실 것입니다.

주께서 나의 슬픔이 변하여 내게 춤이 되게 하시며 나의 베옷을 벗기고 기쁨으로 띠 띠우셨나이다 (시 30:11)

2. 고난은 잠시지만, 은혜는 평생임을 기억하라

그의 노염은 잠깐이요 그의 은총은 평생이로다 저녁에는 울음이 깃들일지라도 아침에는 기쁨이 오리로다 (시 30:5)

주님의 노염은 잠깐이요, 주님의 은총은 평생이라고 말씀합니다. 정말 그런가요? 노염과 고난의 시간을 보내는 사람에게 그 시간은 얼마나 힘겹고 더딘지 모릅니다. '노염'에 해당하는 히브리어 원어 '아프'는 본래 호흡하는 순간으로 콧구멍 코를 의미합니다. 분노하면 콧구멍이 팽창하는 것을 묘사하는 단어입니다.
하나님의 노염은 항상 죄와 관련이 있습니다. 죄와 무관하게 분노를 표출하지 않으십니다. 하나님은 공의로우시고 선하신 분이시기에 죄에 대한 거룩한 분노, 사랑의 진노를 쏟아부으시는 분이십니다.

나를 미워하는 자의 죄를 갚되 아버지로부터 아들에게로 삼사 대까지 이르게 하거니와 나를 사랑하고 내 계명을 지키는 자에게는 천 대까지 은혜를 베푸느니라 (출 20:5b-6)

하나님을 미워하고 불순종하는 죄인에게는 3-4대까지 노염을 발하십니다. 그러나 하나님을 사랑하고 계명을 지키는 자에게 어떻게 하십니까? 무려 1,000대까지 은혜를 베풀어 주십니다. 영원무궁토록 은혜를 베푸실 것을 선포하시는 약속입니다.

비교도 안 되고, 굳이 숫자적, 문자적으로 해석할 필요도 없겠지만, 억지로 계산해 보아도, 대략 얼마나 큰 차이입니까? 무려 3:1000의 비율입니다. 공평하게 주님의 노염과 은혜가 5:5여도 우리는 할 말이 없습니다. 그렇지만 만일 반반이었으면 우리는 이미 그분의 노염 가운데 지옥 불에 떨어졌을 것입니다.

그러나 예수그리스도 십자가의 사랑으로 우리는 영원한 생명을 약속받았습니다. 이처럼 하나님의 다함 없는 은혜, 영원무궁하신 은혜로 인해 우리가 소망을 갖고 살아갈 수 있는 줄로 믿습니다.

무엇 때문에 힘겨우신가요? 요즘 무엇에 집중하며 살고 계신가요? 우리에게 가장 중요한 분, 우리를 도우시고 살리시는 분, 오직 주님께 집중하고 주님을 늘 생각하시기 바랍니다.

지금의 시간이 아무리 힘들고 도저히 끝날 것 같지 않아 숨이 턱턱 막히더라도, 우리 주님의 크신 사랑과 은혜에 비할 수 없습니다. 우리 인생을 책임지시는 영원하신 주님의 은혜를 기억하며 오늘도 다시금 힘을 내시길 소망합니다.

⋯

1 여호와여 나와 다투는 자와 다투시고 나와 싸우는 자와 싸우소서
2 방패와 손 방패를 잡으시고 일어나 나를 도우소서
3 창을 빼사 나를 쫓는 자의 길을 막으시고 또 내 영혼에게 나는 네 구원이라 이르소서

⋯⋯

12 내게 선을 악으로 갚아 나의 영혼을 외롭게 하나
13 나는 그들이 병 들었을 때에 굵은 베 옷을 입으며 금식하여 내 영혼을 괴롭게 하였더니 내 기도가 내 품으로 돌아왔도다
14 내가 나의 친구와 형제에게 행함 같이 그들에게 행하였으며 내가 몸을 굽히고 슬퍼하기를 어머니를 곡함 같이 하였도다

⋯⋯

28 나의 혀가 주의 의를 말하며 종일토록 주를 찬송하리이다

시 35:1-3, 12-14, 28

Day 5

광야에서의 기도

　여러분은 속상한 일이 생기면 어떻게 해결하시는 편입니까? 열받는 일, 정말 속 터지는 일이 생겼을 때 누구에게 먼저 쏟아 놓습니까? 대부분 친한 사람에게, 믿을 만한 지인에게 자신의 속상한 상황을 이야기하며 풉니다. 만일 사람에게 스트레스를 받으면 그 사람의 뒷담화를 다른 사람에게 하며 속상한 마음을 달래기도 합니다.
　예전에 아는 성도님께서 카페를 운영하였습니다. 커피 맛도 좋고 입소문도 나서 장사가 제법 잘 되었습니다. 그런데 2~3년 정도 하시다가 문을 닫았습니다. 왜 그런가 봤더니 장사는 잘되는데, 손님들이 앉아서 하는 이야기의 대부분이 다른 사람 이야기, 뒷담화라는 것입니다. 이 분이 카페에서 일을 하면서 원치 않게 계속 듣는다고 합니다. 간접적으로 듣는데도 너무 스트레스 받아서 결국 문을 닫았다고 합니다.
　속상하고 힘겨운 일은 누구나 수시로 생길 수 있습니다. 그리고 쉽게 사람들에게 이야기할 수 있습니다. 그러나 믿음의 사람 다윗은 시편 35편을 통해 우리가 어떻게 해야 하는지 보여주는 좋은 기도의 모범을 제시해 주고 있습니다.

1. 하나님께 쏟아부어야 합니다

여호와여 나와 다투는 자와 다투시고 나와 싸우는 자와 싸우소서 (시 35:1)

시편 35편은 아픔과 실패, 고통과 절망, 낙심과 괴로움을 표현하는 탄원시, 비탄시입니다. 그런데 다른 탄원시에 비해 본문은 굉장히 격한 감정을 기도의 고백 속에 쏟아붓고 있습니다.

본문의 배경은 정확히 알 수 없지만, 대적의 공격과 위협 가운데 죽을 위기에 놓여 있는 절망적인 상황입니다. 그 대적이 사울인지, 압살롬인지, 다른 누구인지는 모르지만, 무고하게 자신을 해치려는 원수임에는 틀림없습니다. 성경이 고상하게 기록했지만, 쉽게 말해서, '주님, 저 인간 좀 단번에 처리해 주십시오!' 이런 분위기의 간구입니다. 8절에는 아예 더 대놓고 이야기합니다.

멸망이 순식간에 그에게 닥치게 하시며 그가 숨긴 그물에 자기가 잡히게 하시며 멸망 중에 떨어지게 하소서 (시 35:8)

'주님, 저 인간 빨리 데려가셔야 합니다. 절대 봐주지 마십시오.'
'저놈을 순식간에 쓸어가 주십시오. 저 인간 죽기 전까지는 제가 여기서 꿈쩍도 하지 않겠습니다.' 이런 뉘앙스입니다.

성도가 어떻게 거룩하신 하나님 앞에 이렇게 막말을 쏟아부으며 기도할 수 있습니까? 그래도 하나님이신데 그 앞에 기도할 때는 조금 고상한 말과 행실로 '전능하신 주님, 거룩하신 주님' 하며 언어순화를 해야 하는 거 아닙니까? 반문이 들지도 모르겠습니다.

그런데 진짜 죽을 것 같은 위기, 당장 물에 빠져 허우적대는, 당장 내가 숨이 넘어가게 생긴 상황에서 그런 형식을 지킬 여유가 어디 있겠습니까?

'주님, 살려 주세요! 저 인간이 죽지 않으면 제가 죽게 생겼습니다. 주님 제발 저 좀 도와주세요.' 주님 바지가랑이라도 붙잡고 애원하는 심정입니다.

예전에 교회에서 금요기도회 설교를 마치고 내려와 앉아 기도하는데 앞자리에 앉은 한 성도님께서 정말 큰소리로 기도하고 계셨습니다. 넓은 대예배당에서 모인 사람도 많고 모두 다 통성으로 뜨겁게 기도하고 있던 터라 보통 크게 해서는 튀지 않는데, 그분은 정말 고성을 지르며 소위 '뒤집어질 정도로' 발악에 가까운 기도를 하고 계셨습니다.

그래서 처음에는 '아~ 이분이 은혜를 많이 받으셔서 회개하시나 보다' 생각했습니다. 그런데 얼마나 크게 소리치며 기도하시는지 주변 사람들이 기도를 멈추고 다 쳐다볼 정도였습니다. 나중에는 주변에서 진정시키는 상황이 되었습니다.

그리고 무슨 사정인지 궁금했지만, 여쭤볼 수도 없는 상황이었습니다. 며칠이 지나 이 성도님께서 제 연락처를 어떻게 아셨는지 장문의 문자가 왔습니다.

사실 알고 보니 이분이 정말 죽을 것 같은 위기 가운데, 정말 누구도 도와줄 수 없는 절망적인 상황 속에서, 하나님께서 도와주시지 않으면 정말 안 되는 가슴 아픈 사연이 있었습니다. 그래서 그날 회개하며 기도하면서 주님께 솔직히 고백하며 간절히 나아갔던 시간이었다고 합니다.

그리고 그날 기도 이후에 하나님께서 놀랍게 역사하셔서 수 십 년간 해결되지 않고 막혀있던 문제가 단숨에 해결되는 기적을 경험하게 되었다고 간증하며 연락이 오신 겁니다.

물론, 저는 무조건 소리 지르며 큰 소리로 떼쓰며 기도하라는 의미로 말씀드리는 것이 아닙니다. 오늘 다윗이 시편 35편에 보여주는 기도의 모습은 주님 앞에서의 솔직함을 보여줍니다. 다른 누구에게도 말할 수 없는 주님께만 드리는 진실한 마음의 고백입니다. 만일 이런 막말 들을 사람들 앞에 했다면 문제일 겁니다. 그러나 다윗은 기도로 하나님께 엎드려 주님께만 쏟아부었던 사람이었습니다.

그것이 때로는 무례해 보이고, 그 기도가 누가 봐도 '어~ 저건 좀 문제 있는 기도 아닌가' 할 수 있지만, 그렇게 기도로 하나님께 간절히 나아가 결국 자기 뜻이 아닌 주님의 뜻을 구하는 기도로 변화하는 모습을 발견하게 됩니다.

내 영혼이 여호와를 즐거워함이여 그 구원을 기뻐하리로다 (시 35:9)
나의 혀가 주의 의를 말하며 종일토록 주를 찬송하리이다 (시 35:28)

어떻게 이렇게 악을 쏟아 놓고, 대적을 향해 심한 욕설을 퍼붓는 것 같은 원색적인 기도에서 이렇게 찬양과 경배를 올려드리는 순전한 기도로 변화될 수 있습니까? 기도하는 가운데 성령님께서 그 영혼을 만지시고 주님의 마음으로, 믿음의 모습으로 변화시켜 가시기 때문입니다.

찬송가 539장(통 483)의 고백처럼, '주 예수께 조용히 나가 네 마음을 쏟아노라 늘 은밀히 보시는 주님 큰 은혜를 베푸시리'

기도한다고 당장 주변 상황이 변하지 않을 수 있습니다. 모든 문제가 갑자기 다 사라지지 않을 수도 있습니다. 여전히 어려움이 있고, 여전히 속상한 일이 있을 수 있습니다. 하지만, 하나님 앞에 기도로 쏟아붓는 자에게는 주님께서 풍성한 은혜를 쏟아부어 주실 줄 믿습니다.

2. 기도의 열매를 기대해야 합니다

나는 그들이 병 들었을 때에 굵은 베 옷을 입으며 금식하여 내 영혼을 괴롭게 하였더니… (시 35:13上)

시인은 원수가 병들었을 때 통쾌해 하지 않고, 박수치며 기뻐하지 않고, 주님의 마음으로 함께 울며 함께 아파해 주었습니다.

내가 나의 친구와 형제에게 행함 같이 그들에게 행하였으며 내가 몸을 굽히고 슬퍼하기를 어머니를 곡함 같이 하였도다 (시 35:14)

내 친한 친구와 가족에게 행하는 것처럼, 사랑하는 우리 어머니에게 하는 것처럼, 그 원수를 사랑으로 섬기고 돌보아 주었다는 말입니다. 어떻게 이것이 가능합니까? 내 감정과 뜻이 아니라 주님만 온전히 신뢰하며 주님의 뜻에 순종할 때 가능합니다.

원수를 당장 죽여 달라고 기도를 시작했지만, 원수를 사랑하고 축복하는 자리로 나아가는 모습, 이런 자에게는 13절 하반 절의 은혜를 경험하게 하십니다.

내 기도가 내 품으로 돌아왔도다 (시 35:13下)

다른 사람, 더욱이 원수를 위해 축복하며 드린 기도가 나에게 돌아와 내게 응답되고 열매 맺었다는 말입니다. 예수님께서도 복음 전파를 위해 제자들을 각 마을에 보내시며 말씀하셨습니다.

또 그 집에 들어가면서 평안하기를 빌라 그 집이 이에 합당하면 너희 빈 평안이 거기 임할 것이요 만일 합당하지 아니하면 그 평안이 너희에게 돌아올 것이니라 (마 10:12-13)

우리의 기도는 결코 땅에 떨어지지 않습니다. 우리는 나의 문제를 가지고 기도를 시작하지만, 하나님께서는 그분의 뜻을 이루기 위한 기도로 우리를 이끌어 가십니다. 자신을 위한 기도뿐만 아니라 대적을 위해 축복하며 기도하라고 하십니다.

왜 그렇습니까? 기도는 반드시 열매를 맺기 때문입니다. 그 기도를 통해 결국 내가 하나님의 마음, 하나님의 복을 풍성히 누릴 수 있기 때문입니다.

17세기 영국의 유명한 청교도 목회자였던 '윌리엄 거널' 목사님은 이렇게 말했습니다.

"신실한 기도는 결코 땅에 떨어지지 않는다. 어떤 기도는 오래도록 응답이 지연되지만 마침내 더 풍성한 축복을 싣고 돌아오며, 그래서 기도하는 영혼은 기다림을 통해 승리한다."

어떤 속상한 일이 있으십니까? 오늘도 모든 문제를 솔직하게 하나님께 다 쏟아부으시길 소망합니다. 기도는 하나도 땅에 떨어지지 않고 반드시 열매 맺게 되어 있습니다. 나를 위한 기도뿐만 아니라 다른 사람을 위한 기도, 원수를 향한 기도까지 아낌없이 쏟아부으시기 바랍니다.

⋯

1 악 행하는 자들 때문에 불평하지 말며 불의를 행하는 자들을 시기하지 말지어다
2 그들은 풀과 같이 속히 베임을 당할 것이며 푸른 채소 같이 쇠잔할 것임이로다
3 여호와를 의뢰하고 선을 행하라 땅에 머무는 동안 그의 성실을 먹을 거리로 삼을지어다
4 또 여호와를 기뻐하라 그가 네 마음의 소원을 네게 이루어 주시리로다
5 네 길을 여호와께 맡기라 그를 의지하면 그가 이루시고
6 네 의를 빛 같이 나타내시며 네 공의를 정오의 빛 같이 하시리로다

시 37:1-6

Day 6

네 길을 여호와께 맡기라

목욕탕 사물함에 이런 글이 붙어 있는 것을 한 번쯤 보신 적이 있을 겁니다.

"주인에게 맡기지 않은 귀중품은 분실 시 책임지지 않습니다."

맡기면 책임지지만, 맡기지 않은 물건은 책임지지 않겠다는 의미입니다. 마치, 우리에게 주는 영적 교훈으로 생각해 볼 수 있습니다.

"우리 삶의 주인이신 하나님께 맡기지 않은 분은 책임지지 않습니다."

험난한 세상을 살아가면서 누군가에게 우리 삶을 맡길 수 있다는 것은 너무나 감사한 일입니다. 누구도 우리를 도와주지 않는다면 얼마나 외로운 삶이겠습니까?

오늘 말씀에서 누가 우리의 삶을 맡아 주신다고 약속하십니까? 여호와 하나님입니다. 세상 만물을 창조하시고 다스리시는 전능하신 우리 하나님께서 우리 삶을 맡아 주시겠다고 약속하고 계십니다.

네 길을 여호와께 맡기라 그를 의지하면 그가 이루시고 (시 37:5)

시편 37편은 다윗이 말년에 기록한 시입니다. 자신의 인생을 회고하며 인생을 향하신 하나님의 섭리를 어떻게 실제적으로 적용하며 살아야 할지를 말씀해 줍니다. 특히 악인이 형통할 때 의인들은 어떻게 반응해야 할 것인지 가르쳐 주고 있습니다.

악을 행하는 자들 때문에 불평하지 말며 불의를 행하는 자들을 시기하지 말지어다 들은 풀과 같이 속히 베임을 당할 것이며 푸른 채소 같이 쇠잔할 것임이로다 (시 37:1-2)

세상의 현상을 보며 불평할 수 있습니다. 속상할 수 있습니다. 그러나 불평하지 말 것을 말씀합니다. 그리고 더 나아가 권면합니다.

여호와를 의뢰하고 선을 행하라 또 여호와를 기뻐하라 네 길을 여호와께 맡기라 (시 37:3-5)

결국, 하나님께 맡기고 하나님만 의지하며 살아가라는 말씀입니다. 때로는 악한 세상 가운데 악인은 잘 사는 것 같고, 믿음으로 살아가는 의인에게는 오히려 어려움이 많은 것 같은 현실을 마주할 때가 있습니다. 그러나 그때에도 하나님을 의지하며 하나님께 맡기라고 하십니다.

하나님께 맡기라는 것은 단순히 나에게 있는 무거운 짐을 잠시 맡기라는 소극적인 의미가 아닙니다. 온전히 전가시킨다는 의미입니다. 내 머리에 지고 있는 모든 짐을 다 옮겨서 하나님께 전적으로 드리라는 것입니다.

특별히 본문에서는 여호와께 무엇을 맡기라고 말씀하십니까? 길을 맡기라고 합니다. 길이란 우리가 살아가는 모든 삶을 말합니다. 앞으로 마주하게 될 모든 일을 말합니다. 우리는 한 치 앞도 모르는 하루하루를 살아가고 있습니다. 당장 무슨 일이 갑자기 생길지, 내가 하는 일이 어떻게 될지 누구도 알 수 없는 인생을 살아가고 있습니다. 그래서 우리의 삶을 인생 여정이라 부릅니다.

여정은 여행의 과정이나 일정을 말합니다. 그 과정 과정마다 여호와께 우리의 길을 맡기라고 하십니다. 그러면 주님께서 함께하시며 은혜로 이루어 주시겠다고 약속하십니다.

인도의 불가촉천민에게 복음을 전한 스탠리 존스 선교사의 자서전 〈순례자의 노래〉에 보면, 인도 사람들이 처음에는 예수님을 받아들이지 못했다고 합니다. 인도에는 1억 이상의 신이 존재하기 때문입니다. 그들은 자신들의 신이 예수님과 같은 말을 한다고 했습니다. 그런데 나중에 그들이 자신들이 믿는 신과 예수님의 차이를 알게 되면서 이렇게 말했다고 합니다.

"우리의 신은 사랑하라고 명령을 내렸는데, 예수님은 사랑을 하더군요. 우리의 신은 용서하라고 가르쳤는데, 예수님은 용서를 하더군요. 우리의 신은 못 고칠 병이 없다고 능력을 자랑했는데, 예수님은 치료를 하더군요."

이것을 깨달은 인도 사람들은 비로소 예수님을 받아들이게 되었다고 합니다.

사랑을 가르치기보다 직접 사랑을 실천하신 예수님,
용서를 가르치기보다 직접 용서를 해 주신 예수님!

이처럼, 주님은 말씀에만 머물러 있지 않고 친히 육신이 되어 우리 가운데 찾아오셔서 우리와 영원히 함께하시는 분이십니다. 우리를 대신하여 모든 고난과 고초를 다 경험하신 예수님께서 우리와 함께하시며 우리 삶을 책임져 주시겠다고 하십니다. 그 사랑의 주님께 다 맡기라고 하는데 우리가 맡기지 못할 것이 무엇이겠습니까?

우리가 매 순간 숨 쉬는 호흡처럼 수시로 하나님께 기도로 나의 문제를 맡기기를 원합니다. 나 혼자 끌어안고 있으면 내 스스로의 문제가 되어 가라앉을 수밖에 없습니다. 하지만, 주님께 맡길 때 그 맡기는 순간부터 주님께서 책임지시는 주님의 문제로 변화됩니다. 주님께 맡기는 그 순간부터 주님과 더욱 친밀해지는 은혜의 과정으로 변화될 것입니다.

오늘 24시간, 다시 오지 않을 소중한 순간 속에 어떤 문제에도 쉽게 불평하지 마시기 바랍니다. 그 불평의 마음까지도 주님께 온전히 맡기며 나아가는 믿음의 자녀들 되기를 소망합니다.

상황이 변하지 않아도 우리 안에서 작정하시고 일하시는 하나님의 계획은 한 치의 오차 없이 우리와 함께하시며 우리를 생명의 은혜로 인도해 가실 것입니다.

나를 기가 막힐 웅덩이와 수렁에서 끌어올리시고

내 발을 반석 위에 두사 내 걸음을 견고하게 하셨도다

시편 40편 2절

Weekly 2
가장 깊은 밤의 눈물

...

6 하나님이여 내게 응답하시겠으므로 내가 불렀사오니 내게 귀를 기울여 내 말을 들으소서
7 주께 피하는 자들을 그 일어나 치는 자들에게서 오른손으로 구원하시는 주여 주의 기이한 사랑을 나타내소서
8 나를 눈동자 같이 지키시고 주의 날개 그늘 아래에 감추사
9 내 앞에서 나를 압제하는 악인들과 나의 목숨을 노리는 원수들에게서 벗어나게 하소서는 그를 경배할지어다

시 17:6-9

Day 7

억울한 일을 당할 때에

세상을 살아가면서 억울한 일을 한 번도 안 당해본 사람은 아무도 없습니다. 오늘 시편 17편 말씀에서 시인도 너무나 억울한 상황 가운데 놓여 있습니다. 억울한 상황 속에 누구에게 호소하고 있습니까? 하나님께 간절한 기도를 올리고 있습니다. 그래서 시편 17편의 표제어가 [다윗의 기도]입니다.

시편 150편 전체가 주님께 올려드리는 기도의 시들이지만, 표제어에 [기도]라고 직접적으로 설명하고 있는 것은 17편을 포함해 총 5개의 시편에 불과합니다. 그만큼 간절한 기도의 고백을 담았기에 표제어에 [기도]라고 특별히 언급한 것이 아닌가 싶습니다.

본 시편에서 다윗은 어떠한 억울함을 가지고 있습니까? 자신은 잘못이 없는데 원수들이 자기를 에워싸 죽이려고 하는 상황입니다.

어떤 학자는 이 내용이 사무엘상 23장에 나오는 내용처럼, 다윗이 사울에게 쫓겨 도망가는 상황이라고 말합니다. 더 자세히는 죽음의 위협 속에서도 그일라 백성들을 블레셋으로부터 지켜 주었는데, 정작 그일라 사람들은 배신한 것입니다. 은인인 다윗에게 감사하기는 커녕 사울에게 팔아 넘겨버리는 상황, 그래서 다시 광야로 도망가고, 거기서도 또 고발을 당해 다시 도망쳐야 했던 때일 것으로 추측합니다(삼상 23:25-26).

정확한 상황은 알 수 없지만, 상대에게 사랑을 베풀었는데 오히려 결과는 온갖 배신과 아픔이 밀려오는 상황임을 생각해 볼 수 있습니다. 이런 상황에서 얼마나 억울하겠습니까? 자신이 잘못한 것이라도 있으면 마땅히 벌을 받을 텐데, 잘못은 고사하고 온갖 희생을 무릅 쓰며 선행을 베풀었는데 불행한 결과들만 생기는 답답하고 원통한 상황입니다. 이처럼 너무나 억울한 상황 속에 다윗은 매우 절박하게 기도합니다.

여호와여 의의 호소를 들으소서 나의 울부짖음에 주의하소서 거짓 되지 아니한 입술에서 나오는 나의 기도에 귀를 기울이소서 (시 17:1)

1절에서 '들으소서', '주의하소서', 그리고 '귀를 기울이소서'라고 하나님께 부르짖습니다.

종교개혁자 루터는 이 구절에 대해서 이렇게 말했습니다.

"세 번이나 반복되는 이 동사들로 볼 때 시편 기자가 감정에 복받쳐 열정을 다해서 눈물로 기도한다는 것을 알 수 있습니다."

얼마나 간절히 기도하는지, '주님 제발 저의 의의 호소를 들으소서', '나의 울부짖음에 주의하소서', '거짓되지 아니한 입술에서 나오는 나의 기도에 귀를 기울이소서' 눈물로서 간절히 기도합니다.

2절, '나를 판단하시며, 살피소서'
6절, '응답하소서', '내게 귀를 기울여 내 말을 들으소서'
7절, '주의 기이한 사랑을 나타내소서'
9절, '원수에게서 벗어나게 하소서'
13절, '그를 대항하여 넘어뜨리시고… 나의 영혼을 구원하소서'
14절, '주의 손으로 나를 구원하소서'

너무나 억울하고 도저히 내 힘으로 해결할 방법이 없어 오직 전능하신 주님께 애타는 심정으로 간구하고 있는 시인의 기도입니다.
　여러분은 억울한 일을 당할 때 어떻게 하시겠습니까? 물론 억울한 상황을 해결하기 위해 다양한 노력을 할 것입니다. 그러나 내가 아무리 노력해도 되지 않는 상황들이 있습니다. 이미 엎질러진 물처럼 해결하려고 노력하면 할수록 오히려 상황은 더욱 악화 되어 해결이 도저히 불가능해 보이는 상황을 마주할 때도 있습니다.
　우리 가운데 찾아오는 억울함과 답답한 상황을 우리가 어떻게 다 해결할 수 있겠습니까? 혹시 인류 역사상 세상에서 가장 억울한 일을 당한 사람이 누구인지 아십니까?

바로 우리 구주 예수님입니다. 저는 억울한 상황이 될 때마다, 그것이 내 힘으로 해결할 수 없을 만큼 답답할 때마다 예수님을 생각하며 엎드립니다.

예수님은 2,000년전 모든 하늘의 영광을 내려놓고 이 땅에 왕으로 오셨지만, 낮고 천한 모습 속에 사람들의 환영보다는 멸시 천대를 받으셨습니다. 하늘의 비밀, 천국 복음을 선포하셨지만, 사람들에게 배척과 반발을 더 많이 받으셨습니다. 우리를 구원하시기 위해 우리의 모든 죄를 대신하여 십자가를 지셨지만, 사람들의 반응은 조롱과 멸시뿐이었습니다.

2,000년이 지난 지금의 모습은 어떻습니까? 여전히 예수님을 믿지도 않으며 예수님의 존재를 무시하는 사람들이 너무나도 많습니다. 예수님의 입장에서 인간적으로 생각해 보자면 얼마나 답답하고 속상하시겠습니까? 우리를 위해 죽기까지 모든 고통과 고난을 감수하셨는데, 감사와 찬양과 경배받기보다는 수많은 사람에게 핍박과 불신을 여전히 당하고 계시는데 얼마나 억울하시겠습니까?

회개하지 않고 여전히 죄 가운데 살아가는 사람들을 바라보며 '내가 이 꼴을 보려고 십자가에서 죽은 줄 아느냐' 하며 세상을 뒤집어엎으셔도 할 말이 없을 것 같습니다.

그런데도 주님은 끊임없이 자신을 배신하는 사람들에게도 찾아오셔서 용서하시고, 여전히 주님을 배척하는 사람들에게 다가가

셔서 사랑으로 품어 주십니다.

도저히 우리의 생각으로는 헤아릴 수 없는 주님의 한량없는 사랑입니다. 이러한 하나님의 풍성하신 사랑을 깊은 기도 가운데 깨달은 다윗은 7절에 이렇게 고백합니다.

> 주께 피하는 자들을 그 일어나 치는 자들에게서 오른손으로 구원하시는 주여 주의 기이한 사랑을 나타내소서 (시:17:7)

'주님께 피하는 자들을 구원하시는 주님, 주님의 기이한 사랑을 나타내 주십시오.'

이 '사랑'이라는 단어는 히브리어 '헤세드'입니다. 하나님의 변함없는 신실하신 약속에 근거한 사랑을 표현할 때 성경에서 자주 사용된 단어입니다.

'헤세드'는 주님의 풍성하신 은혜, 주님의 자비, 주님의 긍휼, 특별히 우리를 불쌍히 여겨주시는 주님의 은혜와 사랑을 의미합니다. 부모의 도움이 없이는 살아갈 수 없는 어린 자녀같이, 주님의 은혜가 없이는 도저히 한순간도 살아갈 수 없는 우리를 아주 불쌍히 여겨주시는 주님의 사랑을 말씀합니다. 이 헤세드의 사랑을 의지하여 이렇게 간구합니다.

> 나를 눈동자 같이 지키시고 주의 날개 그늘 아래에 감추사 (시 17:8)

'나를 눈동자 같이 지키시고'

하나님께서 우리를 눈동자같이 지키신다는 비유를 성경에서 종종 하고 있습니다. 눈동자같이 지키신다는 것은 가장 소중하게 지킨다는 의미입니다. 잠시도 눈을 떼지 않고 항상 보호해 주신다는 의미입니다. 과거 이스라엘 백성들을 광야 40년 동안 인도하실 때도 이런 표현을 사용하셨습니다.

> 여호와께서 그를 황무지에서, 짐승이 부르짖는 광야에서 만나시고 호위하며 보호하시며 자기의 눈동자 같이 지키셨도다 (신 32:10)

광야는 하나님의 돌보심이 잠시라도 없으면 도저히 살아갈 수 없는 현장입니다. 그곳에서 하나님께서는 자기 눈동자같이 백성들을 보호하시고 최선의 은혜로 인도해 주셨습니다.

우리가 사는 이 광야 인생길 속에서도 주님은 한순간도 우리를 놓지 않으시고, 잠시라도 우리를 홀로 내버려두지 않으십니다. 우리를 언제나 지켜보시며, 눈여겨보시고, 한결같이 보호해 주십니다.

또한 다윗은 억울한 상황 속에서도 '주의 날개 그늘 아래에 감추어' 달라고 기도하고 있습니다. 마치 어미 새가 그의 넓은 날개로 새끼 새를 안전하게 보호해 주는 이미지를 연상시킵니다. 새끼 새는 아무런 힘도 능력도 없기에 어미 새의 날개 아래 보호받지 못하면 죽을 수밖에 없습니다. 어미 새의 보호가 아니면 한순간도

적의 공격으로부터 자유로울 수가 없습니다. 이처럼 주님께서는 가장 안전한 주님의 팔로, 그분의 보호하심으로 우리를 온전하게 지켜주신다고 성경에서 약속하고 있습니다.

혹시 억울하고 답답한 상황 속에 놓여 계신 분이 있지는 않으십니까? 오늘 말씀처럼 주님께서는 우리를 눈동자 같이 지켜 주시는 분이십니다. 우리를 주님의 날개 그늘 아래 완벽히 보호해 주시는 분이십니다.

억울하게 고난을 당하더라도 하나님을 생각하면서 괴로움을 참으면, 그것은 아름다운 일입니다. (새번역 성경, 벧전 2:19)

우리를 위해 대신 억울한 일을 다 감당하신 예수님, 우리를 대신하여 모든 답답한 일을 이미 십자가에서 다 감당하신 예수님을 묵상하면서 지금의 광야 시간을 믿음 가운데 승리하시길 소망합니다.

나는 의로운 중에 주의 얼굴을 뵈오리니 깰 때에 주의 형상으로 만족하리이다 (시 17:15)

주님과 함께 있는 것만으로도 내게 기쁨이 넘칠 것입니다. (새번역 성경, 시 17:15)

⋯

1 내가 여호와를 기다리고 기다렸더니 귀를 기울이사 나의 부르짖음을 들으셨도다
2 나를 기가 막힐 웅덩이와 수렁에서 끌어올리시고 내 발을 반석 위에 두사 내 걸음을 견고하게 하셨도다
3 새 노래 곧 우리 하나님께 올릴 찬송을 내 입에 두셨으니 많은 사람이 보고 두려워하여 여호와를 의지하리로다
4 여호와를 의지하고 교만한 자와 거짓에 치우치는 자를 돌아보지 아니하는 자는 복이 있도다
5 여호와 나의 하나님이여 주께서 행하신 기적이 많고 우리를 향하신 주의 생각도 많아 누구도 주와 견줄 수가 없나이다 내가 널리 알려 말하고자 하나 너무 많아 그 수를 셀 수도 없나이다

시 40:1-5

Day 8

영혼의 어두운 밤

우리는 살아가면서 누구나 '영혼의 어두운 밤'을 경험합니다. '영혼의 어두운 밤' 이라는 용어는 16세기 수도사, 십자가의 성 요한이 쓴 책 제목에서 유래되었습니다. 그는 부패한 수도원을 개혁하기 위해 헌신했습니다. 원래 이름은 성 마티아의 요한이었는데 십자가의 요한이라고 바꿀 정도로 예수님의 십자가만 바라보며 온전한 수도 생활을 추구했던 인물입니다.

그는 개혁을 반대하는 수도사들에게 납치돼 톨레도 수도원에 11개월간 감금됐습니다. 독방에 있던 그는 벽 틈으로 들어오는 가느다란 빛줄기를 제외하고는 온통 어둠 속에서 지냈습니다. 그는 이때의 영적 체험을 글로 남깁니다. 책은 감옥 생활의 고통 대신 어두운 밤을 통해 한 영혼이 어떻게 하나님과 친밀해질 수 있는가를 표현했습니다.

영혼의 어두운 밤은 한 영혼이 하나님과 친밀한 연합 속으로 들어가기 위해 반드시 통과해야 하는 좁은 길을 표현한 용어입니다. 그는 영혼이 어두운 밤을 경험하게 되는 때는 깊은 믿음으로 나아가게 하는 때라고 말합니다.

하나님께서 우리를 밝은 빛 가운데 만나주시기도 하지만, 때로는 깊은 영혼의 어두운 밤을 통해 더 깊이 만나주시기도 합니다. 영혼의 어두운 밤은 결코 버려진 외로운 시간이 아니라, 주님이 온전히 동행하고 친밀한 교제를 나누는 성숙의 시간임을 기억해야 합니다.

어둠이 짙을수록 우리 힘으로 할 수 있는 것이 없습니다. 낮에는 내가 능동적으로, 내 힘으로 마음대로 살아갑니다. 그러나 영혼의 어두운 밤이 찾아오면 내 힘으로 되는 것이 없음을 깨닫습니다. 지극히 수동적으로 변할 수밖에 없습니다. 주님이 일하셔야만 되는 때임을 깨닫고 주님의 인도하심만을 바라보게 됩니다. 오늘 시편 40편 말씀도 영혼의 어두운 밤을 보내고 있는 다윗의 진실한 고백을 담은 기도입니다.

그가 죽음의 위협을 피해 도망 다니던 때, 깊은 절망 속에서 지은 시로 보입니다. 아침에 눈 뜨면 잠시 괜찮았다가도 다시 순식간에 위협의 상황에 내몰리는, 굉장한 어려움이 반복되는 시간을 보내고 있는 모습입니다.

> 나를 기가 막힐 웅덩이와 수렁에서 끌어올리시고 내 발을 반석 위에 두사 내 걸음을 견고하게 하셨도다 (시 40:2)

우리가 찬양으로 만들어 부를 정도로 유명한 시편 구절입니다.

기가 막힌 상황에서 기적처럼 도와주시는 구원의 은혜를 경험한 시인의 감사함이 묻어나는 고백입니다. 하나님의 도우심과 은혜가 얼마나 큰지 기쁨으로 선포하는 고백입니다.

여호와여 주의 긍휼을 내게서 거두지 마시고 주의 인자와 진리로 나를 항상 보호하소서 수많은 재앙이 나를 둘러싸고 나의 죄악이 나를 덮치므로 우러러 볼 수 도 없으며 죄가 나의 머리털보다 많으므로 내가 낙심하였음이니이다 여호와여 은총을 베푸사 나를 구원하소서 여호와여 속히 나를 도우소서 내 생명을 찾아 멸하려 하는 자는 다 수치와 낭패를 당하게 하시며 나의 해를 기뻐하는 자는 다 물러가 욕을 당하게 하소서 나를 향하여 하하 하하 하며 조소하는 자들이 자기 수치로 말미암아 놀라게 하소서 (시 40:11-15)

기가 막힐 웅덩이와 수렁에서 끌어올려 주셨다고 감사 찬양하며 영광 올려 드리는 장면이 불과 바로 앞 초반부에 기쁘게 등장하는데 갑자기 찬물을 끼얹듯, 언제 그런 좋은 일이 있었냐는 듯이 차디찬 영혼의 어두운 밤의 상황을 묘사하고 있는 듯합니다.

사실 우리의 인생도 이와 같습니다. 주님의 은혜가 충만하여 기쁨이 가득하다가도, 갑자기 언제 그랬냐는 듯이 힘겨운 시간을 보낼 때가 있습니다. 마치 영혼의 봄이 다시 찾아오지 않을 것처럼, 영혼의 추운 겨울, 차디찬 어두운 밤을 보내는 시간이 누구에게나 찾아오기 마련입니다. 문제는 영혼의 어두운 밤이 찾아왔느냐, 찾아오지 않았느냐가 아닙니다. 어두운 밤은 누구나 맞이하고, 지나갈 수 있는 인생의 과정입니다.
 이 영혼의 어두운 밤이 찾아올 때 우리는 어떻게 해야 합니까?

1. 주님께 기도하며 기다려야 합니다

내가 여호와를 기다리고 기다렸더니 귀를 기울이사 나의 부르짖음을 들으셨도다 (시 40:1)

 영혼의 어두운 밤은 내가 일하는 시간이 아니라 주님만이 일하실 수 있는 시간입니다. 주님께서 나의 삶에 역사하시도록, 주님께서 도와주시도록 기도하며 기다리는 것이 성도가 해야 할 일입니다. 기다림을 좋아하는 사람은 없습니다. 기다림은 힘겹고 인내해야 하는 시간입니다.
 기다림 중에 가장 참기 힘든 기다림이 무엇인지 아십니까? 실제 실험해 보니, '왜 기다려야 하는지, 무엇 때문에 기다려야 하는지 모르고 무조건 지연시키면서 기다리는 것이 가장 힘든 기다림'이라고 합니다. 즉, 기다림의 이유, 기다림의 기대가 전혀 없는 상황에서 기다리는 것은 무의미할 뿐입니다.
 그러나 우리의 기다림은 완전한 하나님의 때를 위한 은혜의 기다림입니다. 주님께서 일하시며 구원을 베푸시겠다고 약속하신 기쁨의 기다림입니다. 우리가 기대하는 것보다 더 역사하시는 소망의 기다림입니다. 그렇기에 우리는 영혼의 어두운 밤을 만나도 기도하며 기다릴 수 있어야 합니다. 기다리는 그 순간까지도 주님이 함께하시며 깊이 동행해 주실 것입니다.

2. 찬송하며 주님을 의지해야 합니다

새 노래 곧 우리 하나님께 올릴 찬송을 내 입에 두셨으니 많은 사람이 보고 두려워하여 여호와를 의지하리로다 (시 40:3)

찬양은 하나님의 왕 되심을 선포하는 것입니다. 찬양은 주님의 높고 위대하심을 높이는 것입니다. 찬양할 때 하나님의 임재를 깊이 경험하게 됩니다. 아무리 어두운 영혼의 밤을 지나는 순간에도 주님을 찬송할 때 주님께서 은혜 가운데 함께하시며 놀라운 기적을 베풀어 주실 것입니다.

다윗은 오랜 죽음의 위협을 피해 도망 다닌 시간을 보냈습니다. 그 가운데 어떻게 승리할 수 있었습니까? 수시로, 언제나 하나님을 신뢰하며 찬양했습니다. 시편은 기도이자 시입니다. 그리고 찬송입니다. 다윗이 시편을 많이 기록했다는 것은 어려움 속에서도, 아니 어두운 밤일수록 주님을 찬양하며 주님만 의지했다는 증거를 보여주고 있습니다.

영혼의 어두운 밤을 보내고 계시는 분이 계십니까? 주님과 더 친밀히 동행하는 은혜의 시간임을 기억하시기 바랍니다. 사랑의 주님께 기도하며, 주님이 놀랍게 일하실 것을 기다리며 묵묵히 나아가는 시간 되시길 소망합니다.

∙∙∙

1 나의 영혼이 잠잠히 하나님만 바람이여 나의 구원이 그에게서 나오는 도다
2 오직 그만이 나의 반석이시요 나의 구원이시요 나의 요새이시니 내가 크게 흔들리지 아니하리로다
3 넘어지는 담과 흔들리는 울타리 같이 사람을 죽이려고 너희가 일제히 공격하기를 언제까지 하려느냐
4 그들이 그를 그의 높은 자리에서 떨어뜨리기만 꾀하고 거짓을 즐겨 하니 입으로는 축복이요 속으로는 저주로다(셀라)
5 나의 영혼아 잠잠히 하나님만 바라라 무릇 나의 소망이 그로부터 나오는도다
6 오직 그만이 나의 반석이시요 나의 구원이시요 나의 요새이시니 내가 흔들리지 아니하리로다
7 나의 구원과 영광이 하나님께 있음이여 내 힘의 반석과 피난처도 하나님께 있도다
8 백성들아 시시로 그를 의지하고 그의 앞에 마음을 토하라 하나님은 우리의 피난처시로다(셀라)

시 62:1-8

Day 9

넘어지고 흔들릴 때

  코로나 시기, 인터넷에서 '어느 할머니의 기도'라는 동영상이 올라온 것을 보았습니다.
  "하나님! 우리가 얼마나 거짓에 막말을 했으면 마스크로 입을 다 틀어막고 살라고 하십니까?
  우리가 얼마나 서로 다투고 시기하고 미워했으면 거리를 두고 살라고 하십니까?
  우리가 얼마나 죄를 짓고 손으로 나쁜 짓을 했으면 어디를 가나 손을 씻고 소독을 하라고 하십니까?
  우리가 얼마나 열을 올리고 살았기에 가는 곳 마다 체온을 체크하고 살아야 합니까?
  우리가 얼마나 비밀스러운 곳에 다녔으면 가는 곳마다 연락처를 적어야 합니까?
  이제 서로 겸손하게 살게 해 주시고 진실하고 고운 말을 골라서 사랑하고 미워하지 않으면서 살게 해 주세요."

코로나 현실을 적나라하게 반영한 가슴 아픈 기도문이라고 생각됩니다. 코로나뿐만 아니라 우리에게 수시로 찾아오는 여러 가지 어려움들이 있을 때, 우리는 주님 앞에 겸손한 자세로 회개하며 돌아보는 자세가 필요합니다.

오늘 시편 62편도 환난 가운데 자신을 겸허히 돌아보고, 어떻게 해결해야 할지 바른 믿음의 모습으로 나아가는 시인을 마주하게 됩니다. 시편 62편은 우리가 찬양으로 즐겨 부를 정도로 유명한 시입니다.

> 나의 영혼이 잠잠히 하나님만 바람이여 나의 구원이 그에게서 나오는도다 (시 62:1)

시편 62편은 성경책, 표제어에 보면 〈다윗의 시, 인도자를 따라 여두둔의 법칙에 따라 부르는 노래〉라고 자세히 기록하고 있습니다. 다윗이 지은 시를 찬양대장 여두둔이 붙인 곡으로, 인도자를 따라서 회중이 부른 찬양입니다. 그리고 여두둔은 아삽, 헤만과 함께 다윗 왕 시대에 찬양대장으로 섬겼던 인물입니다.

이 찬양도 탄원시로 편안할 때, 아무 일 없이 형통할 때 고백한 시가 아닙니다. 너무나 괴롭고 힘들 때, 도저히 내 힘과 방법으로 해결할 능력이 없을 때 주님께 부르짖은 시입니다. 얼마나 힘겨운 상황인지, 3절에 보면 이렇게 나옵니다.

넘어지는 담과 흔들리는 울타리 같이 사람을 죽이려고 너희가 일제히 공격하기를 언제까지 하려느냐 (시 62:3)

우리가 주변에 1명만 나를 미워하고 스토커처럼 괴롭혀도 너무 힘듭니다. 그런데 수많은 무리가 자신을 죽이려고 일제히 달려든다고 표현할 정도이니 잠도 오지 않고 얼마나 괴롭겠습니까. 끝이 보이지 않는 괴로움의 현실 속에 도저히 아무런 방법이 보이지 않는 다윗의 상황을 표현해 주고 있습니다.

그들이 그를 그의 높은 자리에서 떨어뜨리기만 꾀하고 거짓을 즐겨 하니 입으로는 축복이요 속으로는 저주로다(셀라) (시 62:4)

자신을 넘어뜨리려는 주변의 세력들, 거짓과 저주로 온갖 악행을 저지르는 적들을 보며 참담한 심정에 빠진 다윗의 모습입니다. 이 시는 다윗이 사울에게 쫓길 때, 또는 적군에게 위협을 당할 때 쓴 것으로 추정됩니다. 그렇지만 대체적인 견해는 사랑하는 압살롬이 반역하여 자기 아버지, 다윗을 죽이려고 쫓아오는 급박한 상황이라고 추측합니다.

반역을 일으킨 아들 압살롬 군대에 의해 아무런 힘도 없이, 비참한 죽임을 당해야 하는 한심한 신세가 되었습니다. 다른 사람도 아닌 믿었던 아들에게 당하는 마음은 얼마나 속상하겠습니까? 대체로 이런 어려움이 찾아올 때 신세 한탄을 하며 보내는 사람이 많습니다.

'하나님을 정성으로 섬겼는데 어떻게 나에게 이런 일이 있을 수 있는가?', '내가 그 사람한테 얼마나 잘해줬는가, 감히 나에게' 하며 괴로워할 수 있습니다.

이렇게 어려움이 찾아오면 하나님 앞에, 사람들에게 신세 한탄하는 경우는 쉽게 찾아 볼 수 있는데, 반면에 좋은 일이 생겼을 때 거룩한 신세 한탄하는 분은 많지 않을 것 같습니다.

'이렇게 힘든 시기에 왜 주님은 나를 평안히 잘 지내게 해 주시는가?', '어느 나라에서는 먹을 것이 없어 굶어 죽는 사람도 많고, 테러와 전쟁으로 죽어가는 사람도 많은데 왜 나는 이렇게 평안하고 안전한 나라에서 잘 지내게 해 주시는가?'

'이 이유가 무엇인가? 주님을 위해 나의 생명과 시간을 드리라는 것이구나. 이웃에 사랑을 나누라는 것이구나!' 하는 은혜의 깨달음이 많았으면 좋겠습니다. 다윗은 고통스러운 상황 속에 분명한 믿음의 결단을 합니다.

> 나의 영혼이 잠잠히 하나님만 바람이여 나의 구원이 그에게서 나오는도다 오직 그만이 나의 반석이시요 나의 구원이시요 나의 요새이시니 내가 크게 흔들리지 아니하리로다 (시 62:1-2)

시편 62편은 특이한 부분이 있는데, 히브리어 원문을 보면, 1절, 2절, 4절, 5절, 6절, 9절 모두 '아크'라는 불변사로 시작합니다.

그 뜻은 '오직, 진실로, 확실히'라는 뜻입니다.

(오직) 나의 영혼이 잠잠히 하나님만 바람이여~ (이렇게 읽어야 합니다.)
오직 그만이 나의 반석이시요 (시 62:1-2)

이렇게 오직 하나님만 바라고 의지하겠다는 결단을 반복적으로 고백하고 있습니다. 나의 영혼이 잠잠히 하나님만 바란다는 것은 무슨 의미입니까? 우리의 진정한 필요가 물질이나 세상이 아니라 영혼 깊은 갈증을 해결하는 데 있다는 의미입니다. 세상에서는 이 영혼의 목마른 갈증을 해결할 다른 대안이 없습니다. 우리는 하나님의 형상으로 창조되었기에 하나님만 바라볼 때 우리의 깊은 영적 평안의 문제가 해결될 수 있습니다.

나의 영혼이 잠잠히 하나님만 바람이여 (시 62:1,5)

'잠잠히'라는 말은 '조용히, 아무말 없이' 라는 의미일 뿐만 아니라 '기다림'이라는 의미도 포함하고 있습니다. '오직 나의 영혼이 조용히 하나님만 기다리고 바라볼 때' 어떤 결과가 생길까요?

나의 구원이 그에게서 나오는도다 (시 62:1)
무릇 나의 소망이 그로부터 나오는도다 (시 62:5)

구원은 우리 현실의 문제뿐 아니라 영원한 구원, 도우심을 말씀합니다. 그리고 소망은 아무것도 보이지 않는 깜깜한 현실이라도 기대할 것이 있는 인생임을 말씀합니다. 소망이 있는 인생은 행복한 인생입니다. 이런 의미에서 주님만 바라볼 때 우리에게 새 소망을 허락해 주십니다.

영혼 깊숙이 잠잠히 하나님만 기대하며 바라보고 있습니까? 주님만이 반석이시고, 구원이시고, 나의 요새이십니다. 하나님만 바라보는 자는 흔들리는 상황 속에서도 굳건하여 흔들리지 않는다고 약속하십니다. 잠잠히 하나님만 바라기 위해서는 어떻게 해야겠습니까?

> 백성들아 시시로 그를 의지하고 그의 앞에 마음을 토하라 하나님은 우리의 피난처시로다(셀라) (시 62:8)

시시로, 수시로, 항상 하나님을 의지하고, 붙들고, 바라보라는 것입니다. 그리고 수시로 주님 앞에 나의 마음을 토하고, 다 쏟아 놓고 고백하라는 의미입니다. 오늘도 혼란스럽고 분주한 일상에서 우리의 영혼이 잠잠히 하나님만 바라보시길 소망합니다.

우리는 하나님의 형상으로 창조되었기에 하나님만 바라볼 때
우리의 깊은 영적 평안의 문제가 해결될 수 있습니다.

⋯

1 내가 내 음성으로 하나님께 부르짖으리니 내 음성으로 하나님께 부르짖으면 내게 귀를 기울이시리로다
2 나의 환난 날에 내가 주를 찾았으며 밤에는 내 손을 들고 거두지 아니하였나니 내 영혼이 위로 받기를 거절하였도다
3 내가 하나님을 기억하고 불안하여 근심하니 내 심령이 상하도다(셀라)
4 주께서 내가 눈을 붙이지 못하게 하시니 내가 괴로워 말할 수 없나이다
5 내가 옛날 곧 지나간 세월을 생각하였사오며
6 밤에 부른 노래를 내가 기억하여 내 심령으로, 내가 내 마음으로 간구하기를
7 주께서 영원히 버리실까, 다시는 은혜를 베풀지 아니하실까,
8 그의 인자하심은 영원히 끝났는가, 그의 약속하심도 영구히 폐하였는가,
9 하나님이 그가 베푸실 은혜를 잊으셨는가, 노하심으로 그가 베푸실 긍휼을 그치셨는가 하였나이다(셀라)
10 또 내가 말하기를 이는 나의 잘못이라 지존자의 오른손의 해
11 곧 여호와의 일들을 기억하며 주께서 옛적에 행하신 기이한 일을 기억하리이다

시 77:1-11

Day 10

먹구름이 짙을 때

성 어거스틴이 쓴 '고백론'에 보면 이런 내용이 나옵니다.

"오 하나님 내 영혼이 하나님 안에서 안식을 얻을 때까지 나의 인생에는 진정한 안식(쉼)이 없나이다."

어거스틴은 다른 무엇이 아닌 오직 하나님 안에서만 참된 안식과 평안, 쉼을 누릴 수 있음을 고백했습니다.

또 파스칼은 오직 "하나님만이 채워주실 수 있는 영혼의 무한한 심연"이 있다고 했습니다. 그래서 다른 것들로 채우려고 노력하는 것은 무익하다고 말했습니다.

하나님 외에 다른 것으로 채우려고 하면 할수록 우리의 심령은 공허해지고, 마음은 피폐해질 수밖에 없을 것입니다. 하나님만이 우리 영혼을 만지실 수 있고, 우리의 마음을 참 평안 가운데 회복시켜 주실 수 있는 분이십니다. 그런데 때때로 하나님께서 계시지 않는 것처럼 느껴질 때, 하나님의 임재가 경험되어지지 않을 때 그것처럼 괴로운 것이 없습니다.

힘든 일이 있더라도, 어려움이 있더라도 주님께서 함께하심이 강력하게 느껴지면 다시 일어서고 힘을 낼 수 있을 텐데 주님의 부재가 느껴질 때 너무 괴롭습니다. 특별히 언제 그런 경험을 합니까? 대체로 심한 고난이 에워쌀 때, 깊은 어려움의 수렁에 빠질 때 이런 외로움과 공허함을 경험하게 됩니다.

오늘 시편 77편도 이와 같은 내용입니다. 하나님만이 참된 안식과 평안을 주실 수 있는 분이신데, 그분의 존재가 느껴지지 않고 하나님께서 좀처럼 나를 만나주지 않는 것 같은 절망감에 사로잡혀 있는 시인을 발견합니다.

> 내가 내 음성으로 하나님께 부르짖으리니 내 음성으로 하나님께 부르짖으면 내게 귀를 기울이시리로다 (시 77:1)

이 고백처럼, 하나님께 부르짖으면 들으시고 응답해 주셔야 하는데 왜 나에게만 냉혹하게 침묵으로 일관하시는지, 주님의 부재 가운데 낙심할 수밖에 없는 상황입니다. 불러도 불러도 대답 없는 하나님을 마주하게 됩니다.

> 주께서 내가 눈을 붙이지 못하게 하시니 내가 괴로워 말할 수 없나이다 (시 77:4)

밤잠을 이루지 못할 만큼 괴로운 시인의 모습입니다.

주께서 영원히 버리실까, 다시는 은혜를 베풀지 아니하실까, 그의 인자하심은 영원히 끝났는가, 그의 약속하심도 영구히 폐하였는가, 하나님이 그가 베푸실 은혜를 잊으셨는가, 노하심으로 그가 베푸실 긍휼을 그치셨는가 하였나이다(셀라) (시 77:7-9)

이전에는 내가 주님을 찾으면 주님께서 만나 주셨고, 찾기도 전에 먼저 다가오셔서 은혜로 덮어주셨습니다. 그러나 지금은 큰 절망 가운데, 하나님의 도움이 절실히 필요한 때인데도, 살아계시고 나와 함께하시는 주님이 왜 이렇게 침묵하시는지 알 수 없습니다. 시인은 아무런 응답이 없는 주님 앞에 그저 하소연할 뿐입니다.

나의 환난 날에 내가 주를 찾았으며 밤에는 내 손을 들고 거두지 아니하였나니 내 영혼이 위로 받기를 거절하였도다 (시 77:2)

시인은 환난 날에, 고난의 아픔 속에서도 간절한 마음으로 주님을 찾았습니다. 밤에는 내 손을 들고 거두지 않았다는 것은 밤낮 쉬지 않고 주님만 향하여 간구하고 기도했다는 의미입니다. 얼마나 간절했던지 주님의 임재, 주님의 손길이 아니면 다른 어떤 것들로 위로받는 것을 거절하였다고 고백합니다.

그는 고난을 해결해 달라고 기도하지 않았습니다. 그는 오직 하나님을 원했습니다. 어린아이가 여러 가지 이유로 울 수 있지만 그 아이가 아픔 가운데 찾는 것은 엄마입니다. 엄마는 아이가 가진 모든 문제의 답이기 때문입니다. 아이는 엄마가 오지 않으면 울음을 그치지 않습니다. 시편 기자도 마찬가지로 하나님이 아니면 위로받기를 거절합니다.

도저히 헤어 나올 수 없는 인생의 짙은 먹구름을 속에, 더욱이 하나님마저 자신을 버린 것 같은 고통 속에 함몰되어 가고 있습니다. 깊은 밑바닥에 빠져 아무리 노력해도 빠져나올 방법이 보이지 않는 상황입니다. 그런데 13절부터 특이한 일이 생깁니다.

> 하나님이여 주의 도는 극히 거룩하시오니 하나님과 같이 위대하신 신이 누구오니이까 (시 77:13)

갑자기 절망에서 찬양으로, 낙심에서 승리의 선포로 주님을 높이고 있습니다.

> 주는 기이한 일을 행하신 하나님이시라 민족들 중에 주의 능력을 알리시고 주의 팔로 주의 백성 곧 야곱과 요셉의 자손을 속량하셨나이다(셀라) (시 77:14-15)

어떻게 이것이 가능한 일입니까?

> 곧 여호와의 일들을 기억하며 주께서 옛적에 행하신 기이한 일을 기억하리이다 (시 77:11)

여호와의 일들을 기억하고, 옛적에 행하신 기이한 일을 기억하겠다고 선포합니다.

또 주의 모든 일을 작은 소리로 읊조리며 주의 행사를 낮은 소리로 되뇌이리이다 (시 77:12)

더 이상 좌절되는 상황을 보지 않고, 낙심되는 나의 감정에 맡기지 않고, 주님의 일을 기억하며 읊조리고, 되뇌이겠다고 다짐합니다. 그리고 전심으로 주님의 위대하심을 기억하고 찬양하기 시작합니다. 하나님의 은혜를 기억하고 찬송하는 자에게 하나님께서는 짙은 고난보다 더 크신 하나님의 은혜와 긍휼을 베풀어 주십니다.
C.S 루이스가 이런 말을 했습니다.
"하나님은 기쁨을 통해 속삭이시고, 양심을 통해 말씀하시며, 고통을 통해 소리치신다."
고난 속에 우리를 버려두시는 것이 아니라 오히려 우리와 더 함께하시고 소리치시며 강권적으로 인도해 가시는 주님이십니다.
팀 켈러, 〈고통에 답하다〉라는 책에서도 이렇게 말하고 있습니다.
"고난의 풀무 불을 거치는 과정이야말로 하나님을 추상적으로 아는 수준을 넘어 인격적인 만남으로 이끄는 주요한 통로이다."
하나님은 거대한 풀무 불 속으로 우리를 내던지시는 분이 아니라, 거대한 풀무 불 한가운데로 직접 들어오시는 분이십니다.

구약에서 그 현장을 생생하게 보여주는 장면이 다니엘 3장 아닙니까? 다니엘의 세 친구는 사형선고를 받고 맹렬하게 타오르는 풀무 불에 던져졌지만, 불구덩이 속에 그들만 외로이 던져진 것이 아니라 '신의 아들'과 같은 분이 함께하셨습니다. 지푸라기처럼 타버릴 줄 알았던 사형수들은 태연히 풀무 불 속을 거닐며 승리의 영광을 맛보게 되었습니다.

이 놀라운 사건이 구역에서만 기적처럼 나타난 것이 아닙니다. 신약에 와서 '하나님의 아들'이신 예수님께서 직접 십자가를 지시고 비교할 수 없이 큰 풀무불 속으로 걸어 들어오셨음을 우리는 알고 있습니다. 인간이 겪는 불보다 더 큰 고통 속으로 하나님께서는 예수그리스도를 통해 걸어 들어오셨습니다. 십자가는 주님께서 우리와 영원토록 동행하시겠다는 진리를 직접 몸소 보여주신 역사적 사건이었습니다.

> 야곱아 너를 창조하신 여호와께서 지금 말씀하시느니라 이스라엘아 너를 지으신 이가 말씀하시느니라 너는 두려워하지 말라 내가 너를 구속하였고 내가 너를 지명하여 불렀나니 너는 내 것이라 네가 물 가운데로 지날 때에 내가 너와 함께 할 것이라 강을 건널 때에 물이 너를 침몰하지 못할 것이며 네가 불 가운데로 지날 때에 타지도 아니할 것이요 불꽃이 너를 사르지도 못하리니 (사 43:1-2)

인생의 짙은 먹구름 속에 하나님의 임재마저 느껴지지 않아 힘겨워하고 계시는 분이 있지는 않으십니까? 기도하면 상황이 나아져야 하는데, 오히려 풀리지 않는 현실 속에 답답해하는 분이 계시지는 않습니까?

 우리 인생의 먹구름이 아무리 짙을지라도 그 속으로, 그 고통의 한복판으로 친히 들어와 함께하시는 주님만 기억하시기 바랍니다. 우리는 하나님의 은혜 없이는 도저히 살아갈 수 없는 하나님의 자녀입니다. 먹구름이 짙을수록 은혜의 소낙비를 내려주시는 주님만 바라보십시오. 주저앉고 싶은 그 자리에서 다시 한번 무릎 꿇고 기도하십시오.

 주님만 찬양하고 높여드릴 때 하나님 자신이 우리에게 더 가까이 다가오실 것입니다. 우리를 끝까지 붙드시는 주님과 함께 참된 안식을 누리는 복된 날 되시길 축복합니다.

...

1 여호와 내 구원의 하나님이여 내가 주야로 주 앞에서 부르짖었사오니
2 나의 기도가 주 앞에 이르게 하시며 나의 부르짖음에 주의 귀를 기울여 주소서
3 무릇 나의 영혼에는 재난이 가득하며 나의 생명은 스올에 가까웠사오니
4 나는 무덤에 내려가는 자 같이 인정되고 힘없는 용사와 같으며
5 죽은 자 중에 던져진 바 되었으며 죽임을 당하여 무덤에 누운 자 같으니이다 주께서 그들을 다시 기억하지 아니하시니 그들은 주의 손에서 끊어진 자니이다

시 88:1-5

Day 11

인생의 흑암 속으로 들어오신 예수님

러시아의 대문호인 '톨스토이'는 〈인생이란 무엇인가〉라는 책에서 이런 이야기를 합니다.

"한 나그네가 길을 걷다 우물에 빠졌습니다. 우물 밑에는 독사가 있어 내려갈 수가 없었어요. 올라가려니 사자가 입을 벌리고 올라오기만을 기다리고 있는 거예요. 우물 벽에 매달려 떨고 있는데 칡넝쿨 하나가 보입니다. 넝쿨을 붙잡고 겨우 지탱하고 있는데 구멍에서 흰쥐와 검은 쥐가 번갈아 나와 뿌리를 갉아 먹습니다. 시간이 지나면 넝쿨 뿌리는 다 쏠려 우물 바닥으로 떨어지고 말 거예요. 이때 바로 옆에 있는 벌통이 눈에 들어옵니다. 여기서 꿀이 한 방울 떨어지려는 찰나 혀를 대고 맛을 보며 '아 달다!'라고 하는 것, 이것이 바로 인생입니다."

이처럼 인생은 계속되는 고난 속에 지내다가 순간적인 행복감으로 잠시 견디며 살아가는 연약한 존재임을 보여 줍니다. 여러 가지 고난이 수시로 찾아오는 것이 우리의 인생임을 부인할 수 없습니다.

그럼에도 우리가 오늘을 살아갈 수 있는 힘은 어디에 있습니까? 이 비참한 인생 가운데, 우리를 버려두지 않으시고, 우리 가운데 직접 찾아오신 예수님으로 인해 우리는 살아갈 수 있습니다.

오늘 본문 시편 88편은 탄원시입니다. 탄식하는 시편이면서 '슬픈 노래'라고 불리는 이 범주 속에서도 단연 두드러지는 시입니다. 탄원시라 해도 대부분은 찬양이나 최소한 긍정적인 기대를 담은 고백으로 끝을 맺습니다.

하지만 시편 88편은 소망이 전혀 보이지 않는 상황 속에 시를 마무리합니다. 보통 시편을 기록할 정도면 어려움 속에서도 하나님을 향한 구원과 소망을 찬양해야 하는데 도저히 이런 모습을 찾아볼 수가 없습니다. 끝까지 고난 속에 심히 괴로운 현실을 고백하고 있습니다. 그래서 구약학자 '데렉 키드너'라는 신학자는 시편 전체를 통틀어 "88편보다 더 서글픈 노래는 없다"라고 말할 정도였습니다.

> 주께서 나를 깊은 웅덩이와 어둡고 음침한 곳에 두셨사오며 주의 노가 나를 심히 누르시고 주의 모든 파도가 나를 괴롭게 하셨나이다 (시 88:6-7)

얼마나 암담한 상황인지 모든 것을 주님께서 이렇게 나를 힘겹게 몰아넣으셨다는 고백으로 이어갑니다. 시편 전체 중에서도 가장 처절한 고난의 상황을 노래하는 본문으로 꼽힙니다. 초대교회와 중세 교회에서는 이 시편을 예수님께서 십자가에 달리시기 전,

저녁 만찬 시간에 읽은 것으로 전해지고 있습니다. 그래서 이 시편은 시편에 들어있는 '욥기'와도 같고, '예레미야애가'와 같다고 여겼습니다.

주는 내게서 사랑하는 자와 친구를 멀리 떠나게 하시며 내가 아는 자를 흑암에 두셨나이다 (시 88:18)

주는 나의 사랑하는 자들과 친구들이 나를 버리게 하셨으므로 흑암이 나의 유일한 친구가 되었습니다. (새번역 성경, 시 88:18)

얼마나 고통스러운지 흑암과 어두움만이 나의 유일한 친구가 되었다고 고백합니다. 히브리어 원어로 보면 이 '흑암'이라는 단어를 끝으로 시편 88편을 마무리하고 있습니다. 이 '흑암'이라는 단어는 앞서 6절과 12절에도, 그리고 마지막 18절에도 반복해서 사용됩니다. 얼마나 깊은 고난 속에 힘겹고 깜깜한지 어두운 흑암 가운데 버려진 자기 모습을 솔직히 고백하고 있습니다.

본문의 고백이 처음부터 끝까지 계속 흑암과 같은 절망적인 현실을 고백하고 있는데, 우리가 여기에서 무슨 소망을 발견할 수 있을까요? 하나님께서는 왜 이러한 암울한 시편을 우리에게 남겨 놓으셨을까요? 우리가 시편을 묵상할 때, 단지 흑암으로 끝나는 것이 아니라 그 어둠 한가운데에서도 일하고 계신 하나님의 섭리를 바라보아야 합니다.

여호와여 어찌하여 나의 영혼을 버리시며 어찌하여 주의 얼굴을 내게서 숨기시나이까 (시 88:14)

깊은 절망 속에 하나님은 나를 버린 것 같은 마음, 주님의 얼굴을 도무지 나에게 비추지 않는 것 같은 상황, 너무 고통스럽고 괴로울 수밖에 없는 상황입니다. 그러나 이 본문을 묵상할 때 누가 떠오르나요? 우리보다 먼저 더 깊은 흑암을 경험하신 분이 누구신가요? 우리 구주 예수님이십니다.

제육시로부터 온 땅에 어둠이 임하여 제구시까지 계속되더니 제구시쯤에 예수께서 크게 소리 질러 이르시되 엘리 엘리 라마 사박다니 하시니 이는 곧 나의 하나님, 나의 하나님, 어찌하여 나를 버리셨나이까 하는 뜻이라 (마 27:45-46)

주변 사람으로부터 저주받고 배신당하신 분, 심지어 하늘 아버지에게도 버림받고 거절당하신 분은 오직 예수님뿐이십니다. 우리를 구원하시기 위해 십자가를 지시는 그 순간, 예수님의 유일한 친구는 절대적인 흑암뿐이었습니다. 이러한 궁극적인 흑암을 진실로 체험한 예수님께서는 우리의 모든 어둠과 흑암의 고통을 더 잘 아시는 분이십니다. 그렇기에 결코 우리를 떠나시지 않습니다. 절대 우리를 홀로 내버려두지 않으십니다.

내가 결코 너희를 버리지 아니하고 너희를 떠나지 아니하리라 (히 13:5中)

우리는 때때로 고난의 흑암 속에 갇혀 하나님께 버림받은 것 같은 기분이 들고, 그런 마음이 들 뿐이지만, 예수님은 참으로 하나님께 완전히 버림받고 단절되는 고통을 경험하셨습니다. 예수님께서 우리를 대신하여 고통의 십자가를 끝까지 포기하지 않고 감당하신 것처럼, 우리를 위해 지금도 고난의 한복판으로 포기하지 않고 끝까지 걸어 들어오시는 분이십니다.

그렇기에 오늘 시편 88편을 묵상하면서 흑암으로 가득한 고백을 통해서도 우리는 새 소망을 바라볼 수 있어야 합니다. 우리를 위해 흑암 속으로 들어오시는 예수님이 함께 계시기 때문입니다. 임마누엘 하나님으로 인해 우리 삶에 가장 어두운 순간 속에서도 소망을 품을 수 있습니다.

영국의 청교도 신학자였던, 리차드 백스터가 이런 고백을 했습니다.

"그리스도는 스스로 지나친 곳보다 더 어두운 곳으로는 나를 인도하시지 않는다."

또한 '천로역정'의 저자, 존 번연(John Bunyan)은 인생에서 마지막 벼랑 끝에 섰을 때 자기 삶의 처지를 이렇게 표현했다고 합니다.

"만약 예수께서 나를 맞으실 때 칼을 들고 나오실 지라도 나는 그분의 발 아래에 내 몸을 던질 것입니다. 왜냐하면 그분만이 나의 최후의 희망이기 때문입니다."

어떤 상황 속에서도 예수님만 끝까지 신뢰한다는 고백입니다. 예수님은 우리의 흑암과 어두움을 직접 먼저 겪으신 분이십니다. 어떤 곳이라도 함께 계시는 예수님을 의지하시기 바랍니다.

예수님께서 우리를 대신하여
고통의 십자가를 끝까지 포기하지 않고 감당하신 것처럼,
우리를 위해 지금도 고난의 한복판으로
포기하지 않고 끝까지 걸어 들어오시는 분이십니다.

...

1 여호와여 내 기도를 들으시고 나의 부르짖음을 주께 상달하게 하소서
2 나의 괴로운 날에 주의 얼굴을 내게서 숨기지 마소서 주의 귀를 내게 기울이사 내가 부르짖는 날에 속히 내게 응답하소서
3 내 날이 연기 같이 소멸하며 내 뼈가 숯 같이 탔음이니이다
4 내가 음식 먹기도 잊었으므로 내 마음이 풀 같이 시들고 말라 버렸사오며
5 나의 탄식 소리로 말미암아 나의 살이 뼈에 붙었나이다
6 나는 광야의 올빼미 같고 황폐한 곳의 부엉이 같이 되었사오며
7 내가 밤을 새우니 지붕 위의 외로운 참새 같으니이다
......
25 주께서 옛적에 땅의 기초를 놓으셨사오며 하늘도 주의 손으로 지으신 바니이다
26 천지는 없어지려니와 주는 영존하시겠고 그것들은 다 옷 같이 낡으리니 의복 같이 바꾸시면 바뀌려니와
27 주는 한결같으시고 주의 연대는 무궁하리이다
28 주의 종들의 자손은 항상 안전히 거주하고 그의 후손은 주 앞에 굳게 서리이다 하였도다

시 102:1-7, 25-28

Day 12

마음이 상한 자의 기도

시편 102편의 표제는 매우 구체적입니다. "고난 당한 자가 마음이 상하여 그의 근심을 여호와 앞에 토로하는 기도"입니다.

여기서 "근심"은 괴로움으로 신체적이고 정신적인 연약함입니다. 혼란과 곤고함을 표현할 때 사용됩니다. 이 표제는 이런 의미로 볼 수 있습니다.

"만약 당신이 고난당하여 마음이 낙심되고 혼란 가운데 있다면, 이 시인처럼 주님 앞에 기도하라"라고 생각해 볼 수 있겠습니다.

1. 육체적 고통과 원수의 공격에 대한 개인적인 눈물의 기도 (1절-11절)

전형적인 개인기도 형식으로 시작하고 있으며 부르짖음, 울부짖음 가운데 주께서 들어주시길 간절히 호소하고 있습니다. 시인은 자신이 '괴로운 날 가운데' 있다고 말하면서 근심 가운데 몸이 심하게 아플 뿐만 아니라, 거기에 원수들까지 자신을 괴롭히는 고통의 날들이 이어진다고 비참한 상황을 소개하고 있습니다. 이때 시인은 주님의 개입을 간절히 기다립니다. 주님께서 신속히 응답하여 주시기를 사모합니다.

> 내 날이 연기 같이 소멸하며 내 뼈가 숯 같이 탔음니이다 내가 음식 먹기도 잊었으므로 내 마음이 풀 같이 시들고 말라 버렸사오며 (시 102:3-4)

'마음'은 생기와 활력의 원천인데, 그 원천이 말라버렸습니다. 뜨거운 햇빛이 논바닥을 쩍쩍 마르게 하고, 풀들을 마르게 하듯이 고난의 열기가 시편 기자를 풀처럼 시들게 하고 있습니다.

5절에서는 "나의 탄식 소리로 말미암아 나의 살이 뼈에 붙었다"라고 고백합니다. 너무나 고통스러워 탄식 소리, 신음소리를 낼 때, 그의 호흡과 함께 '뼈'와 '살'이 서로 달라붙어 살과 뼈를 구별할 수 없을 정도로 건강이 최악으로 악화 되었다는 것을 의미합니다.

홀로 당하는 고통 속에서 신체적 고통뿐만 아니라 정신적 고통과 함께 고립되어 있는, 처절한 어려움에 놓인 자신의 상태를 6절에서 말하고 계속 말하고 있습니다.

광야의 올빼미 같고, 황폐한 곳의 부엉이 같고, 또 고통 속에 잠을 못 자고 밤새 지새우기 때문에 지붕 위의 외로운 참새 같다고 7절은 표현합니다.

이런 외로운 고통뿐만 아니라 주변 사람들까지 자기를 비방하며, 미칠 듯이 날뛰는 자들이 시인을 대적하기에 슬픔과 아픔에 빠져 있습니다. 이런 아픔은 살면서 원치 않게 누구에게나 찾아올 때가 있습니다. 어떻게 해야 이런 고통에서 벗어날 수 있을까요?

시편 102편의 기도문을 보면 그 비결을 우리에게 제시해 줍니다. 시인은 이런 자신의 어려운 상황을 자세히 이야기하고 나서, 곧바로 하나님의 위대하신 주권과 영광을 선포하고 찬양합니다.

2. 시온에 나타 날 주님의 주권과 회복에 대한 확신을 선포 (12절-22절)

여호와여 주는 영원히 계시고 주에 대한 기억은 대대에 이르리이다 (시 102:12)

앞서 갑작스럽게 사라지는 연기(3절), 풀(4절)같은 인생과 반대로 '하나님은 영원히 계시다'고 고백합니다. 여기서 영원히 계시다는 뜻은 원어적인 의미에서 '영원토록 앉아 계신다. 보좌에 앉아 다스리다.'라는 뜻입니다. 곧 '주님께서 영원히 왕으로 우리를 다스리신다.'는 의미입니다. 그래서 시인은 애통을 끝내고 주님의 왕권을 찬양하는 것으로 갑작스러운 분위기 전환을 합니다.

13절에 보면 '주께서 일어나사', '시온을 긍휼히 여기실 것이다', '지금 은혜를 베푸실 때다'라고 합니다. 하나님께서 영원히 왕으로 다스리실 것이기 때문에 지금 내 고통의 형편을 보시고 회복시켜 주실 것을 신뢰하며 선포하는 시인의 모습을 발견합니다.

하나님은 상처받고 깨진 우리의 고난의 상황을 그냥 지켜만 보시는 분이 아닙니다. 우리의 상한 심령, 아픈 마음 가운데 찾아오셔서 은혜 베푸시기를 원하시는 하나님이십니다. 우리를 긍휼히 여기셔서 회복시켜 주시길 원하십니다. 분명 주님이 치유하실 것이라는 믿음이 있는 자는 두려움의 공포에서도 흔들리지 않고 끝까지 승리할 수 있습니다.

3. 개인의 육체적 회복과 공동체의 회복을 위한 기도 (23절-28절)

26절부터 보면 "천지는 없어져도 주는 영원히 존재하신다. 세상의 모든 것은 옷처럼 낡아질 것이지만, 주는 한결 같으시고 주의 연대는 무궁하다"고 말씀합니다. 이로 인해 결과적으로 28절에 "주의 자손은 항상 안전히 거주하고 그 후손은 주 앞에 굳게 서리라"는 기대와 소망과 확신으로 시를 마무리합니다.

'문제 없는 인생이 없다'고 하듯이, 우리는 살아가면서 불완전한 세상 가운데 누구나 많은 어려움을 당하며 살아갑니다.

그럼에도 고난이 절망이 아니라 새로운 소망이 될 수 있는 것은 우리 주님께서 십자가의 사랑으로 영원히 함께하여 주시기 때문입니다. 그 분이 예비하신 하나님의 나라는 완전하시기 때문에 오늘도 살아갈 힘이 생깁니다.

오늘 시편 102편의 고백처럼 어떤 이유로 고난을 당하든지 그 모든 아픔을 하나님께 아뢰고 기도하시기 바랍니다. 우리 예수님께서는 이 땅의 모든 고통을 친히 오셔서 먼저 경험하시고 담당하신 분이십니다. 고통당하는 우리의 마음을 충분히 헤아리시고 구원하시는 사랑의 하나님이십니다(시 102:13).

우리가 개인적인 문제뿐만 아니라, 더 나아가 민족과 교회의 문제를 위해서도 함께 기도하며 하나님의 긍휼과 도우심의 은혜를 구하기를 원합니다. 우리가 고난을 이겨내고 영광스러운 새날로 변화될 수 있는 것은 우리들이 가진 능력이 아니라 영원토록 우리와 함께하시는 주님의 긍휼과 능력에 달려 있는 줄 믿습니다.

오늘도 우리의 근심된 마음을 주님께 아뢰며, 간절히 기도하길 소망합니다.

나의 기도가 주 앞에 이르게 하시며

나의 부르짖음에 주의 귀를 기울여 주소서

시편 88편 2절

Weekly 3

힘든 시기를 지날 때에 고백

...

1 나의 힘이신 여호와여 내가 주를 사랑하나이다

시 18:1

Day 13

내가 주님을 사랑하나이다

사람은 누구나 행복한 삶을 꿈꿉니다. 자신이 행복하지 않기를 바라는 사람은 아무도 없을 것입니다. 어떤 사람이 행복한 사람일까요?

행복과 관련해 가장 신뢰받는 연구 중 하나로 손꼽히는 '하버드 대학교 인생 성장 보고서'를 보면 행복에 가장 큰 영향을 미치는 요인을 조사해 놓은 부분이 있습니다. 행복의 제 1조건으로 많은 사람이 '당연히 돈!'이라고 생각하겠지만, 놀랍게도 돈이 인간의 행복에 미치는 영향은 2만 달러까지라고 합니다.

오랜 연구 끝에 나온 결과는 뜻밖에도 '관계'였습니다. 사람들과의 관계가 좋지 않은 사람은 불행하다고 느끼고, 관계가 좋은 사람은 행복감을 더 느낀다고 합니다. 많은 것을 가졌다 해도 가정에서건 사회에서건 관계가 좋지 않으면 얼마나 힘든지 모릅니다. 부족해도 사랑하며 베풀며 사는 사람이 행복한 사람일 것입니다.

이런 의미에서 가장 행복한 사람은 누구입니까? 사랑받는 사람입니다. 어려운 환경 속에서도 꿋꿋이 바르게 성장하는 아이들을 연구해 보았더니, 예외 없이 공통점이 하나 있었다고 합니다. 그것은 그 아이의 입장을 무조건 이해해 주고, 받아 주는 사랑하는 사람이 있었다는 겁니다.

  엄마든, 아빠든, 누가 되었든 자신을 받아 주고 이해해 주며 사랑해 주는 사람이 한 명이라도 있으면 그 아이는 어려운 상황 속에서도 제대로 자랄 수 있다고 합니다.

  한 사람만이라도 전폭적인 사랑을 부어주면 다른 생명을 살리는 것이 사랑의 힘입니다. 하물며 전능하신 하나님께서 우리를 사랑해 주신다는 것을 깨닫는다면 우리는 어떤 환경 속에서도 담대하고 힘있게 살아갈 수 있을 것입니다.

> 하늘로부터 소리가 있어 말씀하시되 이는 내 사랑하는 아들이요 내 기뻐하는 자라 하시니라 (마 3:17)

  하나님의 사랑의 음성을 들으며 살아가는 사람은 위기 속에서도 행복한 마음으로, 하늘의 평안을 누리며 살아갈 수 있습니다.

  오늘 시편 18편은 다윗의 고백입니다. 표제어에 보면 [여호와의 종 다윗의 시, 인도자를 따라 부르는 노래, 여호와께서 다윗을 그 모든 원수들의 손에서와 사울의 손에서 건져주신 날에 다윗이 이 노래의 말로 여호와께 아뢰어 이르되] 라고 나옵니다.

오랜 광야 생활, 고난의 길고 깊은 수렁을 통과하며 어느 정도 안정이 된 이후에 자신을 인도해 주신 주님을 기억하며 찬양하는 시입니다.

나의 힘이신 여호와여 내가 주를 사랑하나이다 (시 18:1)

히브리어 원문을 보면, 한글 성경과는 달리 '내가 주를 사랑하나이다'가 먼저 나옵니다. 그리고 '나의 힘이신 여호와여'가 나중에 나옵니다. 순서가 중요하지 않을 수도 있지만, 주님을 사랑한다고 고백하면서 그에 대한 이유를 자세히 말하는 형식으로 전체 시를 기록하고 있습니다.

여기서 '주를 사랑하나이다'에 해당하는 동사 '라함'은 대체로 인간에 대한 하나님의 사랑을 나타낼 때 사용된 단어입니다. 아주 '깊이 사랑하다'라는 의미입니다.

다윗이 이 '라함'이라는 사랑의 단어를 사용한 것은, 그가 하나님을 얼마나 진실하게, 얼마나 뜨겁게 사랑하는지 보여줍니다. 더욱이 미완료 형으로 사용되어서 주님을 향한 이 사랑이 단순히 한 번의 고백으로 끝나는 것이 아니라 계속 지속되고 있음을 표현해 줍니다. 최대한 의미를 살려 표현해 보자면, '내가 주님을 항상 앞으로도 계속해서 뜨겁게 사랑하나이다'라는 간절한 고백입니다.

다윗이 이렇게 주님을 향해 한결같은 사랑을 지속적으로 고백할 수 있는 이유는 무엇일까요? 그것은 먼저 하나님의 크신 사랑을 깊이 깨달았기 때문입니다. 오랜 고생과 고난 속에 다윗은 그를 살려주시는 하나님의 놀라운 사랑을 경험하고 기억했습니다.

다윗처럼 십수 년 동안 죽음의 위협을 피해 도망치다 보면, 아마 심한 좌절감과 우울증에 사로잡히기 쉬울 겁니다. 살아남기 위해 적국의 땅인 블레셋에 들어가 침을 흘리며 미친 척하고 지냈을 정도이니 그의 마음은 병들 수밖에 없는 형편이었습니다.

사울과 군사들이 언제 찾아와 죽일지 모르는 상황 속에서, 깜깜한 동굴 속에 숨어 하룻밤을 보내면서도 마음 편히 잠을 청하기 어려웠을 겁니다. 그러니 몸과 영혼이 쇠약해지고 죽음의 공포 속에 아무런 소망도 갖지 못할 만큼 괴로운 심정이었을 겁니다.

그런데 어떻게 그가 이런 주옥같은 시편의 고백들, 사랑의 고백을 담아낼 수 있었겠습니까? 극심한 고난과 비교할 수 없는 하나님의 크신 사랑이 있었기에 넉넉히 이겨낼 수 있었습니다. 광야에서의 시간이 하나님이 함께 계시지 않았다면 고통의 시간이었을 것입니다.

그러나 하나님의 강권적인 사랑이 그와 함께하시니 그 광야가 주님과의 은밀한 교제의 공간이 되었고, 누구에게도 방해받지 않는 주님과 친밀한 사귐의 시간이 될 수 있었습니다.

진정 사랑하는 사람과 함께하면 모든 것이 즐겁고 행복합니다. 그 사람을 생각하면 절로 노래가 나오고 소망이 생깁니다. 지금 다윗의 마음이 그렇습니다. 자신에게 끝없는 사랑을 부어주신 주님을 생각할 때 찬양이 흘러넘치고, 주님을 향해 감사의 고백이 끊임없이 나오고 있습니다.

　사랑하는 사람과 지내다 보면 둘만의 애칭이 생깁니다. '자기야'라고 하던지, 사랑스러워서 '허니'라고 하던지, 아무튼 제 3자가 보면 닭살 돋을 만큼 둘만이 아는 단어로 알콩달콩 사랑을 속삭이는 애칭이 생기기 마련입니다. 1절부터 등장하는 단어들이 다윗이 부르는 하나님을 향한 사랑의 애칭, 별명으로 묵상해 볼 수도 있습니다.

　주님 사랑합니다. 주님은 나의 힘이시기 때문입니다.
　주님 사랑합니다. 주님은 나의 반석이십니다.
　주님 사랑합니다. 주님은 나의 요새입니다.
　주님 사랑합니다. 주님은 나를 건지시는 나의 하나님입니다.

　주님께 받은 사랑에 감격해서 주님을 향한 한 단어마다 '주님 사랑합니다' 라는 진실한 고백을 하며 시를 쓰고 있는 것 같습니다. 성경이라 우리가 평소에 경건하게만 읽어서 그렇지, 조금 더 실감 나게 읽어보자면, "주님, 사랑해요, 주님은 나의 힘! 나의 반석님! 나의 요새님! 역시 나의 바위님! 나의 방패님! 나의 산성님! 이십니다." 이렇게 고백할 수도 있을 것 같습니다.

　주님은 우리의 신랑이고, 우리는 그리스도의 신부이니, 사랑에

흠뻑 빠져 있는 신부가 사랑스러운 신랑에게 온갖 애칭과 애교를 섞어가며 사랑을 속삭이는 노래로 묵상하면 더 풍성한 은혜가 있을 것입니다. 보통 아가서가 사랑의 노래라고 말하지만, 시편 18편이 그 이상 가는 다윗의 사랑의 노래라고 할 수 있습니다.

여러분은 주님을 향해 어떤 애칭을 가지고 있나요? 애칭(愛稱)은 사랑하는 사람을 부르는 이름입니다. 본래의 이름 외에 친근하고 다정하게 부를 때 쓰는 이름입니다. 물론 우리 주님을 부를 때, (딱딱하게!) '하나님!', '성령님!', '예수님!' 이라고 불러도 훌륭합니다.

그러나 조금 더 주님과 친밀한 관계에서 주님과 긴밀한 교제를 나눈 사람이라면 더 깊은 고백이 애칭과 함께 흘러나올 것입니다. (부드럽게) '사랑하는 주님', '나의 전부이신 주님', '나의 소망이신 주님' 이런 애칭과 수식하는 고백들이 주님과 교제가 깊어질수록, 주님의 풍성하신 사랑을 경험할수록 자연스럽게 우리의 입술에서 흘러나올 것입니다.

우리는 이미 세상에서 가장 행복한 사람입니다. 믿으십니까? 세상의 주인이신 하나님께서 이미 우리를 사랑하시며 우리와 함께하시기 때문입니다.

이스라엘이여 너는 행복한 사람이로다 여호와의 구원을 너 같이 얻은 백성이 누구냐 그는 너를 돕는 방패시요 네 영광의 칼이시로다 (신 33:29)

'너는 행복한 사람이다. 너와 같이 하나님의 구원을, 주님의 크신 사랑을 얻은 백성이 누가 있겠느냐? 주님이 너를 돕는 방패가 되시고, 너를 영원히 영광스럽게 인도할 것이라는 약속을 허락해 주셨다.'

우리가 느끼지 못하고 있을 뿐이지, 저와 여러분은 하나님께 아주 특별한 사랑을 받는 가장 행복한 사람입니다. 오늘도 나를 향하신 주님의 사랑의 음성을 듣고, 그 사랑 안에 감격하시기 바랍니다. 그리고 주님을 향한 나의 사랑을 진실되이 고백하는 새날 되시길 소망합니다.

∙∙∙

1 여호와는 나의 목자시니 내게 부족함이 없으리로다
2 그가 나를 푸른 풀밭에 누이시며 쉴 만한 물 가로 인도하시는도다
3 내 영혼을 소생시키시고 자기 이름을 위하여 의의 길로 인도하시는도다
4 내가 사망의 음침한 골짜기로 다닐지라도 해를 두려워하지 않을 것은 주께서 나와 함께 하심이라 주의 지팡이와 막대기가 나를 안위하시나이다
5 주께서 내 원수의 목전에서 내게 상을 차려 주시고 기름을 내 머리에 부으셨으니 내 잔이 넘치나이다
6 내 평생에 선하심과 인자하심이 반드시 나를 따르리니 내가 여호와의 집에 영원히 살리로다

시 23:1-6

Day 14

여호와는 나의 목자시니

 어느 교회의 주보를 담당하고 있는 인쇄소에서 담임목사님께 전화를 했습니다. 설교 제목이 빠져 있었기 때문이었습니다. 목사님은 설교 제목을 "여호와는 나의 목자시니"라고 알려주었습니다. 평소 이 목사님의 설교 제목이 길었기 때문에 인쇄소 직원은 다시 물었습니다. "목사님, 그게 다입니까?" 목사님은 "'여호와는 나의 목자시니' 네, 그것으로 충분합니다."하고 말했습니다.
 다음 날 배달된 주보의 설교 제목을 보고 목사님은 깜짝 놀랐습니다. 설교 제목이 "여호와는 나의 목자시니, 네 그것으로 충분합니다."라고 인쇄되어 있었기 때문입니다. 놀라기도 했지만 한 편으로는 큰 감동을 받았다고 합니다. '그래 여호와는 나의 목자시니, 그것으로 충분하지!'
 정말 그렇지 않습니까? 여호와께서 나의 목자이신데, 이것으로 충분합니다. 우리에게 무엇이 더 필요하겠습니까? 본문 시편 23편 1절 말씀처럼 '여호와는 나의 목자시니 내게 부족함이 없으리로다' 이 말씀을 믿고 주님을 의지하며 살아간다면, 이것으로 충분합니다.

시편 23편은 너무나 유명한 구절입니다. 설교의 황태자라 불리는 '스펄전 목사님'은 시편 23편을 '시편의 진주'라고 부를 정도였습니다. 이 23편은 성도들에게 가장 사랑받는 성경 말씀이면서 많은 분들이 암송할 정도로 은혜로운 구절입니다.

저도 병원 심방을 가거나, 특히 중환자실에 입원해 있는 위급한 환자를 병문안 가게 되면, 이 시편 23편 말씀을 간절한 마음으로 읽어 드리고 정성껏 기도해 드립니다.

실제로 그리스도인 10명 중의 9명은 마지막 자신 임종의 시간에 가장 듣고 싶은 말씀으로 이 시편 23편을 선택했다고 합니다. 임종의 순간뿐만 아니라 우리가 매일 붙잡아야 할 귀한 말씀이라고 생각됩니다. 오늘 함께 시편 23편을 묵상하면서 견고한 믿음으로 승리하시길 소망합니다. 먼저 묵상할 내용은, 여호와께서 나의 목자가 되어 주신다는 것입니다.

여호와는 나의 목자시니 내게 부족함이 없으리로다 (시 23:1)

이 말씀을 사투리로 하면 이렇습니다.
강원도 사투리 : 여보서요. 여호와는요 우리 목자래요.
경상도 사투리 : 여호와가 내 목자 아이가! 내사 마 답답할끼 없데이.
전라도 사투리 : 아따! 거시기, 여호와가 시방 나의 목자신디 나가 부족함이 있겄는가?

'여호와'는 구약성경에 무려 6,000번 이상 나오는 단어입니다. 여호와는 하나님의 거룩한 이름입니다. 그 뜻은 "스스로 있는 자"입니다. 누구의 도움이 없이도 존재할 수 있는 절대 유일한 존재입니다. 스스로 계시는 전지전능하신 분이십니다. 세상 만물을 다스리시고 통치하시는 전능하신 창조주 여호와께서 우리의 목자가 되어 주신다는 것은 세상에서 가장 큰 축복이고 가장 큰 기적입니다. 우리는 어떤 존재입니까?

천재 철학자 '파스칼'은 이런 말을 했습니다.

'인간은 한 줄기 갈대에 지나지 않는다. 인간은 실로 자연 가운데서도 가장 연약한 존재이다.'

'세상에는 두 종류의 인간만이 존재한다. 그 하나는 자신을 죄인이라고 생각하는 의인이고, 또 다른 하나는 자기를 의인이라고 생각하는 죄인이다.'

결국 인간은 다 죄인이라는 말이지 않겠습니까? 성경은 어떻게 말씀합니까?

우리는 다 양 같아서 그릇 행하여 각기 제 길로 갔거늘 (사 53:6上)

우리는 다 양 같아서 잘 못 행하여, 각기 자기의 길, 사망의 길, 죄악의 길로 갔다고 말씀합니다. 이미 죽음의 길로 간 존재입니다. 그런데 하반 절에 놀라운 구원의 소식을 선포하십니다.

여호와께서는 우리 모두의 죄악을 그에게 담당시키셨도다 (사 53:6下)

하나님께서 친히 우리의 목자가 되어 주셨습니다. 천사를 통하여 대신 우리를 통치하도록 하신 것이 아니라 죄악 가운데 이미 죽은 우리를 살려주시기 위해 하나님께서 친히 목자로서 이 땅 가운데 오셨습니다.

나는 선한 목자라 … (요 10:11)

실제 고대 중동 사회에서 한 명의 목자가 감당할 수 있는 양 떼의 숫자는 30-75마리였다고 합니다. 따라서 많은 양을 가지고 있는 소유주(목자)는 삯꾼 목자들을 고용해서 수많은 양 떼들을 관리해야 했습니다. 유대 광야의 환경이 워낙 황량하고 척박하다 보니 양 떼의 주인은 삯꾼에게 양을 맡길 때 20%의 손실을 각오했다고 합니다.

쉽게 말해, 양의 소유주가 50마리의 양을 삯꾼 목자에게 맡길 때, 10마리는 없어질 것을 각오하고 맡겼다는 것입니다. 돈을 받고 고용된 삯꾼 목자는 양들을 위해 목숨을 버릴 이유가 없었기에 광야에서 위험한 순간이 오면 언제든 일부 양 떼를 희생시켜도 무방했습니다. 예수님은 당시 이런 관습을 잘 아셨기에 요한복음 10:12에 이렇게 말씀하셨습니다.

> 삯꾼(고용된 일꾼)은 목자가 아니요 양도 제 양이 아니라 이리가 오는 것을 보면 양을 버리고 달아나나니 이리가 양을 물어 가고 또 해치느니라 (요 10:12)

이런 삯꾼 목자와 달리 예수님은 어떤 목자로 오셨습니까?

> 나는 선한 목자라 나는 양을 위하여 목숨을 버리노라 (요 10:14-15)

우리 주님은 잃은 양 한 마리도 결코 포기하지 않으시는 선한 목자이십니다. 마태복음 18:13에 잃은 양 비유를 통해 말씀하십니다.

> 진실로 너희에게 이르노니 만일 찾으면 길을 잃지 아니한 아흔 아홉 마리보다 이것을 더 기뻐하리라 (마 18:13)

주님은 99마리의 양을 놓아두고서라도 잃어버린 한 마리의 양을 찾기 위해 생명을 다하시는 분이십니다. 끝까지 우리를 놓지 않으시고 책임지는 분이십니다. 이러한 사랑의 주님께서 우리의 목자가 되어 주신다는 사실을 믿는 자녀는 어떤 상황 속에서도 담대히 고백할 수 있습니다. '내게 부족함이 없으리로다'
　나의 목자가 되어주시는 주님께서 함께하시기에 광야 같은 인생길을 걸어간다 하더라도 부족함이 없는 풍요로운 인생의 은혜를 경험하게 될 것입니다.

　우리는 흔히 시편 23편을 읽으면서 다윗의 어린 목동 시절을 생각하게 됩니다. 그러나 구약을 연구하는 학자들은 대부분 이 시의 내용을 보면서, 그가 말년에 지은 시라고 추정합니다. '사망의 음침한 골짜기', '자기 이름을 위하여', '원수의 목전에서', '상을 베푸시고', '여호와의 집에서 영원히' 등의 표현이 나오기 때문입니다. 이것은 치열한 전쟁터와 같은 인생을 지나오면서 깨닫게 된 사실에 대한 신앙적인 표현입니다.

　또 어떤 학자들은, 이 시가 자기 아들 압살롬의 반란 이후 도망가는 죽음의 위협 가운데 쓴 시로 보기도 합니다. 그렇게 보면 시인은 인생의 가장 힘겹고 어려운 시기에 '여호와는 나의 목자시니'라고 고백하고 있는 상황입니다.

　척박한 광야 인생길 가운데 홀로 던져진 것 같은 외로움과 힘겨움 속에 놓여 있는 분이 계시지는 않으십니까? 우리가 오늘을 살아갈 수 있는 힘은 오직 주님께서 우리의 목자가 되어 주시기 때문입니다. 주변 환경의 모든 것이 다 부족하고, 초라하고, 어려운 상황에 있더라도 우리를 끝까지 돌보시고 책임지시는 주님께서 선한 목자로서 우리를 인도해 가십니다.

　그렇기에 우리는 광야 길을 걷는다 해도 부족함이 없는 인생, 내 잔이 넘치는 인생, 풍성한 은혜를 경험하는 삶이 될 줄로 믿습니다. 오늘은 우리 삶의 건강을 위한 처방전으로 말씀을 마무리하려고 합니다.

19C 스위스 정신과 의사이자 심리학자인 '폴 투르니에'는 그를 찾아오는 노이로제 환자나 우울증 환자에게 시편 23편을 하루에 6번 읽으라고 처방한 것으로 유명했는데, 이 내용을 근거로 아래와 같이 처방합니다.

〈처방전〉

귀하의 영과 육의 건강을 기원하며 다음과 같이 처방합니다.

* 약의 이름 : 구약
* 약의 종류 : 시편 23편
* 용법 및 용량 : 매일 수시로 식전 식후에 물 없이 천천히 씹어서 드십시오.
* 기타 사항 : 꾸준히 반복적으로 복용하셔야 뚜렷한 효과를 볼 수 있습니다.

이 시편 23편 은혜의 약을 드시면서 놀라운 주님의 치유의 손길을 경험하시길 소망합니다.

...

1 지존자의 은밀한 곳에 거주하며 전능자의 그늘 아래에 사는 자여,
2 나는 여호와를 향하여 말하기를 그는 나의 피난처요 나의 요새요 내가 의뢰하는 하나님이라 하리니
3 이는 그가 너를 새 사냥꾼의 올무에서와 심한 전염병에서 건지실 것임이로다

시 91:1-3

Day 15

나의 피난처 예수님

　우리나라 대표 지성인으로 꼽히는 故 이어령 교수님께서 예전에 간증하신 내용을 본 적이 있습니다. 사랑하는 딸의 계속되는 불행 앞에 자신이 자녀를 위해 해줄 수 있는 것이 아무것도 없다는 무력감을 느꼈다고 합니다. 모두가 칭송하는 자신의 지성으로도, 평생을 갈고 닦은 자신의 실력으로도 자녀를 위해 해줄 수 있는 것이 아무것도 없었습니다. 그는 좌절된 마음을 이렇게 표현했습니다.

　"인간의 한계와 허물을 이렇게 느끼면서도 창조와 부활을 안 믿었습니다. 창조를 하려고 문학을 택했지만 50년 만에 그것이 얼마나 의미 없는 일인지를 알게 되었습니다. 텅 빈 내 방이 마치 사원처럼 느껴졌습니다. 절대 고독 속에 멈추어 있을 때 평생 처음으로 바깥에서 오는 힘이라는 것을 느꼈습니다."

　그리고 나서 이렇게 덧붙였습니다.

　"영원과 마음은 내 안에 있는데, 영성은 바깥에서 나에게 다가왔습니다."

그러면서 인생에 드리워진 무거운 짐들을 하나님 앞에 놓고 절박하게 기도하는데, 놀라운 은혜를 경험하게 해 주셨다고 합니다. 그래서 하나님 앞에 무릎 꿇고 그분의 터치를 경험하며 회복되었다고 간증하는 내용을 접한 적이 있습니다.

내 힘으로 안 되는 어려운 문제 속에, 인간의 한계 가운데 포기할 수밖에 없는 그 순간, 인생의 유일한 피난처를 만나게 된 것입니다. 그분이 누구입니까? 예수님이십니다.

유명한 파스칼도 이런 말을 했습니다.

"사람의 마음속에는 큰 구멍이 있다. 그것은 쾌락으로도 명예로도 철학으로도 채울 수가 없다. 오직 예수 그리스도의 사랑만이 채울 수 있다."

우리 마음의 공허함을 채울 수 있는 분, 우리 영혼의 목마름을 해결해 주실 수 있는 분, 우리의 문제를 해결하실 수 있는 분은 우리 주님이십니다.

지존자의 은밀한 곳에 거주하며 전능자의 그늘 아래에 사는 자여 (시 91:1)

'지존자'라는 말은 '가장 높은 곳에 거하시는 분'을 뜻합니다. 하나님께서는 하늘 보좌에 계시는 지존하신 분, 스스로 계신 분이십니다.

또한 그분은 '전능자', 곧 모든 것을 아시고 행하시는 전지전능하신 하나님이십니다. 이런 하나님을 향해 시인은 이렇게 고백합니다.

> 나는 여호와를 향하여 말하기를 그는 나의 피난처요 나의 요새요 내가 의뢰하는 하나님이라 하리니 (시 91:2)

하나님만이 나의 피난처라고 고백합니다. 성경에서는 하나님의 별명으로 '피난처'가 종종 등장합니다. 우리의 인생이 막힐 때, 답답할 때, 해결책이 보이지 않을 때 하나님만이 우리의 피난처요, 도피처가 되어주신다고 말씀합니다. 하나님을 피난처로 삼는 자에게 어떤 약속이 주어질까요? 3절부터 자세히 등장합니다.

> 이는 그가 너를 새 사냥꾼의 올무에서와 심한 전염병에서 건지실 것임이로다 그가 너를 그의 깃으로 덮으시리니 네가 그의 날개 아래에 피하리로다 그의 진실함은 방패와 손 방패가 되시나니 너는 밤에 찾아오는 공포와 낮에 날아드는 화살과 어두울 때 퍼지는 전염병과 밝을 때 닥쳐오는 재앙을 두려워하지 아니하리로다 천 명이 네 왼쪽에서, 만 명이 네 오른쪽에서 엎드러지나 이 재앙이 네게 가까이 하지 못하리로다 오직 너는 똑똑히 보리니 악인들의 보응을 네가 보리로다 (시 91:3-8)

9절에 보면 또 한 번 '하나님은 나의 피난처'라고 반복해서 고백합니다.

네가 말하기를 여호와는 나의 피난처시라 하고 지존자를 너의 거처로 삼았으므로 (시 91:9)

하나님을 피난처로 삼은 자, 하나님께만 피하는 자에게 또한 어떤 일이 일어나나요?

화가 네게 미치지 못하며 재앙이 네 장막에 가까이 오지 못하리니 그가 너를 위하여 그의 천사들을 명령하사 네 모든 길에서 너를 지키게 하심이라 그들이 그들의 손으로 너를 붙들어 발이 돌에 부딪히지 아니하게 하리로다 네가 사자와 독사를 밟으며 젊은 사자와 뱀을 발로 누르리로다 하나님이 이르시되 그가 나를 사랑한즉 내가 그를 건지리라 그가 내 이름을 안즉 내가 그를 높이리라 그가 내게 간구하리니 내가 그에게 응답하리라 그들이 환난 당할 때에 내가 그와 함께 하여 그를 건지고 영화롭게 하리라 내가 그를 장수하게 함으로 그를 만족하게 하며 나의 구원을 그에게 보이리라 (시 91:10-16)

하나님을 피난처로 삼는 인생에게는 놀라운 축복을 약속하십니다. 하지만 앞에서 말한 수많은 축복이, 이 땅에서 어떤 어려움도 당하지 않으며 무조건 잘될 것이라는 맹목적인 축복의 말씀인가요? 아닙니다. 여전히 이 땅에 어려움이 있고 고통이 있습니다.

그렇다면 무슨 의미인가요? 오늘 본문 말씀은 주님께 피하는 자에게 고통이 다 비껴가고 어떤 어려움도 모두 없어진다는 무조건적인 축복을 말하는 것이 아닙니다. 고통을 당할지라도 그 가운데 그것보다 훨씬 더 크신 주님의 풍성하신 은혜를 베푸신다는 약속으로 보아야 합니다.

  당시, 유명한 종교 개혁자인 츠빙글리는 흑사병에 걸려 죽을 위기에 놓였습니다. 두 달 동안 극심한 고통을 겪으며 이런 시를 썼습니다.

"주님, 나를 도우소서. 나의 힘, 나의 반석이시여
문밖에서는 죽음이 문 두드리는 소리
나를 위해 못 박히신 당신의 손을 높이 들어서
죽음을 정복하시고 나를 구원하소서.
그러나 당신의 음성이 내 생애의 한낮인 지금이라도
내 영혼을 부르신다면 나는 순종하겠나이다.
신앙과 소망 안에서 이 땅을 포기하고
천국을 얻고자 하나니 나는 당신의 것이니이다."

  하나님의 은혜로 츠빙글리는 회복되었고 이 경험은 그가 오직 하나님만을 의지하고 주님의 뜻에만 순종하도록 만드는 중요한 계기가 되었습니다. 그래서 하나님을 위해 종교개혁자로 생명을 다해 전진해 나갈 수 있었던 경험이 되었을 겁니다.

  우리가 잘 아는, 종교개혁자 존 칼빈 또한 사랑하는 가족들이 전염병으로 죽는 사건이 있었습니다. 그때 얼마나 낙심이 되고 슬펐던지 그저 울기만 하며 자신도 죽은 것 같은 절망 가운데 지냈다고 합니다. 그런 일을 겪으며 칼빈은 이런 고백을 했습니다.

"하나님의 구원은 땅에 존재하고 있는 좁은 경계선을 훨씬 초월해 있다. 우리가 살든지 죽든지 근본적으로 바라보아야 할 것은 바로 이것이다."

죽음의 위협 가운데, 삶의 어려운 여정 속에 우리가 바라보아야 할 분은 누구십니까? 살든지 죽든지 우리를 영원한 구원으로 인도하시는 주님만 바라보아야 합니다.

여러분의 피난처는 누구이신가요? 가장 높으신 분 하나님을 피난처로 삼으시길 축복합니다.

우리가 사는 이 땅 가운데 여러 어려움은 수시로 찾아옵니다. 다 피해 갈 수는 없습니다. 그러나 하나님께 소망을 두고 하나님께 피하는 인생은 하나님께서 은혜 가운데 보호해 주신다고 약속하십니다.

우리는 살아가면서 여러 고난 속에 이론적으로 만족할 만한 답을 찾을 수 없을 때도 많습니다. 하지만 주님께 피하는 자에게는 주님이 주시는 참된 평안과 은혜를 찾게 해 주십니다.

오늘 본문 말씀을 통해 모든 것이 아무 문제 없이 다 잘될 것이라고 말씀하신 것이 아닙니다. 대신 하나님은 분명한 약속을 하십니다. 하나님을 피난처로 삼은 자녀에게 항상 함께해 주신다는 것입니다. 어떠한 죽음의 위협이 있어도 그것보다 크신 주님의 구원과 은혜가 우리를 사로잡고 있다는 것입니다.

　오늘도 예수님께만 소망을 두시기 바랍니다. 예수님만이 우리의 피난처요 구원이십니다.

...

1 하나님이여 주께서 우리를 버려 흩으셨고 분노하셨사오나 지금은 우리를 회복시키소서
2 주께서 땅을 진동시키사 갈라지게 하셨사오니 그 틈을 기우소서 땅이 흔들림이니이다
3 주께서 주의 백성에게 어려움을 보이시고 비틀거리게 하는 포도주를 우리에게 마시게 하셨나이다
4 주를 경외하는 자에게 깃발을 주시고 진리를 위하여 달게 하셨나이다 (셀라)
5 주께서 사랑하시는 자를 건지시기 위하여 주의 오른손으로 구원하시고 응답하소서

시 60:1-5

Day 16

회복시키시는 하나님

 중국의 가정교회 또는 지하 교회는 지금까지 많은 고난과 박해를 받고 있는 교회입니다. 예전에 중국 가정교회 지도자가 한 집회에서 이런 이야기를 한 적이 있었습니다.
 "중국의 공산 정권이 빨리 무너져 중국 가정교회 교인들이 자유롭게 살 수 있게 해 달라"고 기도하지 말아 달라는 것입니다. 오히려 어떤 박해도 견뎌낼 수 있는 힘을 주시도록 기도해 달라는 것입니다.
 사람들이 하나님께서 함께 계심을 알고 하나님의 사랑과 권능을 드러낼 수 있도록 기도해 달라는 것입니다. 그 지도자는 중국 가정교회의 고난이 하나님의 훈련 프로그램임을 이해하게 되었다는 겁니다. 그러면서 이런 말을 했습니다.
 "주님은 우리가 무슬림, 불교도, 힌두교도의 세계로 가기에 적합하도록 철저히 다듬으셨습니다. 이슬람이나 불교나 힌두교 세계의 어떤 나라도 우리가 일찍이 중국에서 경험한 시련과 고통 이상의 것을 가하지는 않을 것입니다. 기껏 죽이기밖에 더 하겠습니까! 그렇다 해도 이것은 영광스러운 주님 앞으로 들려 올라가 영원히 거한다는 것을 의미할 뿐입니다!"

대단한 신앙고백이지 않습니까? 이것이 진정한 신앙의 고백이고, 믿음의 힘입니다. 물론, 어려움을 피해 가면 좋겠지만, 북한이나 중국과 같은 기독교 핍박이 가득한 지역뿐만 아니라 우리가 살아가는 현실도 다양한 어려움과 힘겨운 시간이 수시로 찾아올 때가 있습니다.

신앙이 깊다는 것은 현실의 벽 앞에 넘어지지 않는다는 것이 아니라, 비록 쓰러지고 넘어질지라도 다시 믿음으로 일어서는 것을 말합니다. 다시 일어서고 회복할 수 있는 힘, 이것이 신앙의 능력입니다.

오늘 시편 60편 본문 말씀도 다윗이 넘어질 수밖에 없는 상황 속에서 어떻게 다시 일어서고 회복하는지 보여주는 시입니다. 성경에서 1절 위에 보면, 독특하게 표제어가 매우 길게 달려 있습니다. 표제어를 통해 누가, 어떤 목적과 배경 가운데 이 시편을 기록했는지 자세하게 소개해 주고 있습니다. 표제어에 보면 다윗이 지은 시이고, 백성들에게 소중한 교훈을 전달하기 위한 목적으로 지은 믹담시라고 적혀 있습니다.

'믹담시'는 그 정확한 뜻은 알 수 없지만, '돌비에 새겨진 시', '황금의 시', '대속의 시' 등의 의미를 담고 있습니다. 일반적으로는 돌비, 바위와 같은 곳에 새긴 시를 뜻합니다. 이 시편을 아주 중요하고도 가치 있게 여겼기 때문에 돌비에 새겼을 것이고, 황금과 같이 여겼을 것입니다. 그래서 구원과 관련이 있다고 여기는 시입니다.

그리고 표제어에 보면, '인도자를 따라 수산에둣에 맞춘 노래'라고 적고 있는데, '수산에둣'이 의미하는 바를 정확히 알 수는 없지만, 음악 용어로 '수산'은 '백합'을 의미하고, '에둣'은 '증거'를 의미한다고 볼 수 있습니다. 그렇다면 '수산에둣'은 '백합화의 증거'라는 말일 텐데, 이는 '백합화'라는 '아름다운 음률에 맞춘 증거의 노래'로 생각해 볼 수 있겠습니다.

또한 표제어에 이 시의 배경에 대해서도 나오는데 〈다윗이 아람 나하라임과 아람소바와 싸우는 중에 요압이 돌아와 에돔을 소금 골짜기에서 쳐서 만 이천 명을 죽인 때에〉라고 언급하고 있습니다. 아람 나하라임은 아람 땅인데 이스라엘 북동쪽에 있는 메소포타미아 지역을 가리킵니다. 아람소바는 중부 시리아 지역에 위치한 아람의 소왕국 중 하나를 가리킵니다.

이것은 사무엘하 8장과 역대상 18장에 나오는 내용입니다. 다윗이 아람 소바 등 북방 지역을 정벌하고 소금 골짜기에서 에돔을 쳐죽인 사건을 배경으로 하고 있습니다.

결과적으로 다윗은 북쪽 지역 정복 전쟁이나 소금 골짜기 전투에서 큰 승리를 거두었지만, 그 화려한 승리 바로 직전에 이스라엘 군대가 큰 위기에 처한 때가 있었음을 알려 줍니다. 바로 그 심각한 위기 속에서 지은 시가 시편 60편입니다. 지금 다윗이 처한 상황이 죽음의 위협 가운데 얼마나 다급하고 절박한지 고백하고 있습니다. 특별히 1절에 보면, 연속하여 사용된 4개의 동사가 위급성을 잘 보여줍니다.

> 하나님이여 주께서 우리를 버려 흩으셨고 분노하셨사오나 지금은 우리를 회복시키소서 (시 60:1)

주께서 우리를 '버리셨다, 흩으셨다, 분노하셨다, 회복시키소서' 1절에 히브리어 원어로 보면, 4개 동사가 당시 심각성을 자세히 부각시켜 줍니다. 다윗은 지금 처한 위기의 상황이 이스라엘의 죄 때문에 온 것이라 여겼습니다. 하나님께서 이스라엘의 중대한 죄로 인해 분노하셨는데, 그 분노가 얼마나 크셨던지 이렇게 말씀합니다.

> 주께서 땅을 진동시키사 갈라지게 하셨사오니 그 틈을 기우소서 땅이 흔들림이니이다 (시 60:2)

주님께서 지진으로 온 땅을 갈라놓을 만큼 분노하셨고, 이스라엘을 버리고 흩으셨다고 여길 정도였습니다.

주께서 주의 백성에게 어려움을 보이시고 비틀거리게 하는 포도주를 우리에

게 마시게 하셨나이다 (시 60:3)

주께서 허락하신 어려움 속에 술에 취해 비틀거려 넘어지고 주저앉을 수밖에 없는 상황에 빠졌습니다. 도저히 스스로 헤어 나올 방법이 전혀 없는 상태임을 보여줍니다.

그러나 다윗은 이 주저앉을 수밖에 없는 현실에 안주하지 않았습니다. 이 모든 상황을 허락하신 분도 주님이시고, 이 모든 환경 속에서도 새롭게 일으키시고 회복시키시는 분도 주님이심을 확고히 믿었습니다. 그래서 1절부터 간절히 부르짖고 있습니다. 우리를 버리셨지만, 그러나 "지금은 우리를 회복시키소서"

누가 나를 이끌어 견고한 성에 들이며 누가 나를 에돔에 인도할까 (시 60:9)

패배하고 절망 가운데 더 이상 소망이 없는 그 상황 그대로를 주님께 올려드렸습니다.

'누가 나를 이끌 수 있는가?', '누가 나를 인도해 줄까?'

지금까지는 내 힘으로, 내가 원하는 데로, 내가 내 삶의 주인으로 이끌면 되는 줄 알았습니다. 그리고 실제 많은 승리도 경험했습니다. 그러나 처절한 실패 속에, 믿음의 연단 속에 그가 깨달은 결론은 '누가 나를 인도하는가?' 내가 아니라 오직 주님이심을 가슴 깊이 믿게 되었습니다.

> 우리를 도와 대적을 치게 하소서 사람의 구원은 헛됨이니이다 (시 60:11)

사람은 아무런 능력이 없음을, 사람의 구원은 헛될 뿐임을 고백하며 주님의 구원, 주님의 도우심, 주님의 승리를 바라보며 나아가는 모습입니다. 이런 다윗의 믿음을 통해 주님께서는 이스라엘에 승리와 평안을 안겨주셨습니다.

주님께서 능력이 없으셔서 다윗에게 패배를 허락하셨겠습니까? 주님은 다윗에게 계속 승리만 주실 수도 있는 분이십니다. 그러나 승리만 계속된다면 그것은 축복이 아니라 오히려 저주입니다. '내가 내 힘으로 이루었다'고 착각하고 교만하게 만드는 깊은 함정이기 때문입니다.

오히려 다윗에게 찾아온 크나큰 실패, 깊은 절망, 어둠의 늪으로 인해 그는 주님의 손길을 경험하고 주님만 의지하는 참된 승리자가 될 수 있었습니다.

에베소서 6:12에서 이렇게 말씀합니다.

> 우리의 씨름은 혈과 육을 상대하는 것이 아니라 통치자들과 권세들과 이 어둠의 세상 주관자들과 하늘에 있는 악의 영들을 상대함이라 (엡 6:12)

지금 실패했는가, 지금 넘어졌는가, 지금 절망의 늪에 빠졌는가보다 더 중요한 것은, 지금 우리를 회복시키시는 주님을 의지하고 있는가입니다. 지금 나를 다시 일어서게 하실 수 있는 주님만 신뢰하고 있는가? 이것이 더 중요한 문제입니다. 주님은 우리를 버리지 않으셨습니다. 주님은 언제나 우리와 함께하십니다. 그리고 주님은 우리를 지금 회복시키기를 원하십니다.

오늘도 우리의 상한 마음, 나의 실패와 낙심, 죄의 문제까지도 모두 주님께 고백하며 주님의 크신 은혜와 도우심을 경험하시길 소망합니다.

그래서 우리를 장차 완전한 승리로 인도하시는 주님만 바라보며 주님이 주시는 힘과 능력으로 다시 회복하고 일어서 나아가는 복된 믿음의 성도님들 되시길 주님의 이름으로 축원합니다.

...

1 하나님은 우리에게 은혜를 베푸사 복을 주시고 그의 얼굴 빛을 우리에게 비추사(셀라)
2 주의 도를 땅 위에, 주의 구원을 모든 나라에게 알리소서
3 하나님이여 민족들이 주를 찬송하게 하시며 모든 민족들이 주를 찬송하게 하소서
4 온 백성은 기쁘고 즐겁게 노래할지니 주는 민족들을 공평히 심판하시며 땅 위의 나라들을 다스리실 것임이니이다(셀라)
5 하나님이여 민족들이 주를 찬송하게 하시며 모든 민족으로 주를 찬송하게 하소서
6 땅이 그의 소산을 내어 주었으니 하나님 곧 우리 하나님이 우리에게 복을 주시리로다
7 하나님이 우리에게 복을 주시리니 땅의 모든 끝이 하나님을 경외하리로다

시 67:1-7

Day 17

복을 주시는 하나님

 오늘 시편 67편 본문의 표제어에는 〈시 곧 노래, 인도자를 따라 현악에 맞춘 것〉이라고 되어 있습니다. 시편 전체에서 '현악에 맞춘 노래'라고 표제어가 붙은 시편은 총 일곱 편으로 시편 4편, 6편, 54편, 55편, 61편, 67편, 76편이 있습니다. 이 노래들의 공통점은 하나님의 도우심을 요청하는 내용이 대부분입니다. 그런데 67편은 다른 현악에 맞춘 노래들과는 사뭇 분위기가 다릅니다.

 마치 장엄하고 무게가 있는 장중한 분위기에서 산뜻하고 밝은 분위기로 바뀐 듯한 느낌을 줍니다. 마치 현악기인 바이올린으로 연주하는데, 무거운 저음 연주에서 신나는 고음 연주로 변경되는 느낌이라고 할 수 있겠습니다.

 그리고 본문은 누가 기록하였는지, 어떤 사건을 배경으로 하여 기록되었는지에 대해 기록하고 있지 않아 자세히 알 수는 없습니다. 다만 6절에 보면,

 "땅이 그의 소산을 내어 주었으니"의 표현이 있어서, 추수 이후의 절기인 '장막절'에 낭송이 되었다고 합니다. 그래서 '추수 감사

찬송'으로 불렸습니다.

하지만 오늘의 본문을 읽어 보면, 추수의 기쁨이나 추수를 하게 해 주신 하나님께 감사드리는 내용이 있지는 않습니다. 오히려 이스라엘에 베풀어진 하나님의 은혜와 구원의 은총이 온 세상으로 확대되기를 소망하는 내용을 담고 있습니다. 이스라엘은 제사장 나라라는 선민의식이 반영된 시로써, 하나님의 은혜가 세계 열방에 미치기를 간구하고 있는 내용입니다.

> 하나님은 우리에게 은혜를 베푸사 복을 주시고 그의 얼굴 빛을 우리에게 비추사(셀라) (시 6:1)

하나님께서 은혜의 빛을 비춰주시고 복을 주시기를 간구하고 있습니다.

> … 하나님 곧 우리 하나님이 우리에게 복을 주시리로다 (시 6:6下)
> 하나님이 우리에게 복을 주시리니… (시 6:7上)

시인은 반복해서 하나님께 복을 달라고 간절히 간구하고 있습니다. 이 본문은 민수기 6장에 나오는 아론의 대제사장적 축복 기도문을 인용한 것으로 보입니다.

> 여호와는 네게 복을 주시고 너를 지키시기를 원하며 여호와는 그의 얼굴을

네게 비추사 은혜 베푸시기를 원하며 여호와는 그 얼굴을 네게로 향하여 드사 평강 주시기를 원하노라 (민 6:24-26)

하나님께서는 우리에게 은혜 주시고, 복을 주시기를 기뻐하시는 분이십니다. 그런데 언뜻 보면 기복신앙처럼 느껴지지 않습니까? 만일 자신의 유익만을 위한 기도라면 조심해야 할 부분이 있습니다. 그러나 이렇게 기도하는 이유와 목적이 2절에 나오고 있습니다.

주의 도를 땅 위에, 주의 구원을 모든 나라에게 알리소서 하나님이여 민족들이 주를 찬송하게 하시며 모든 민족들이 주를 찬송하게 하소서 (시 6:2-3)

3절 말씀을 5절에도 똑같이 반복하여 고백하고 있습니다. 이뿐만 아니라 4절에도 7절에도 온 백성이 하나님을 찬양할 것을 고백합니다. 개인 혼자만을 위한 하나님의 복이 아니라, 풍성한 주님의 은혜를 힘입어 온 열방 가운데, 모든 민족 가운데, 땅의 모든 끝이 하나님을 경외하고 돌아오는 영광스러운 비전을 바라보고 있습니다. 우리 그리스도인이 하나님의 복을 간절히 구해야 할 이유와 목적을 분명히 알려주는 부분입니다.

'왜 주님의 은혜를 간구하는가? 왜 우리가 주님 앞에 당당하게 복을 요청할 수 있는가?'

주님께서 우리의 간구를 들으시며, '너는 또 복을 달라고만 하니?' 이런 책망이 아니라 '주님! 주님 나라 위하여 저에게 복을 주시고 저를 사용해 주세요!'라는 담대한 고백이 우리에게도 있어야 할 줄로 믿습니다. 하나님께서 아브라함을 부르시고 그에게 사명을 주실 때도 이렇게 말씀하셨습니다.

> 내가 너로 큰 민족을 이루고 네게 복을 주어 네 이름을 창대하게 하리니 너는 복이 될지라 너를 축복하는 자에게는 내가 복을 내리고 너를 저주하는 자에게는 내가 저주하리니 땅의 모든 족속이 너로 말미암아 복을 얻을 것이라 (창 12:2-3)

주님께서 복을 주시겠다고 말씀하시며 아브라함을 통해 열방으로 하나님의 복이 흘러갈 것을 알려주셨습니다. 하나님께서는 이 시대의 우리 성도들에게도 이러한 아브라함과 같은 축복의 사명을 주셨습니다.

하나님께서는 우리에게 복 주시기를 기뻐하시는 분이십니다. 우리가 기억해야 할 것은 우리에게 주어지는 어떠한 복이 아니라 복을 주시는 하나님이십니다. 복 자체이신 예수그리스도를 기억하는 것이 가장 중요합니다.

현대 기독교 지성을 대표하는 존 스토트 목사님은 이렇게 말합니다.

"선교를 일으키는 동기의 최고봉은 대사명에 순종하는 것도, 소외되거나 죽어가는 죄인들을 사랑하는 것도 아니다. (물론 이것들도 매우 중요하겠지만) 선교의 최고봉은 바로 예수 그리스도의 영광을 타오르는 열정으로 갈망하는 것이다. 오직 하나의 나라, 곧 그리스도의 나라. 즉, 주 예수 그리스도 그분의 나라와 그 왕국의 영광을 생각하는 것이다."

이처럼 우리의 구주이신 예수님을 먼저 생각하는 것, 이것이 참된 복을 누리는 성도의 모습입니다. 하나님께서 우리에게 복을 주신다고 복을 간구하는 내용이 오늘 본문에 여러 번 반복하여 등장하고 있다고 말씀드렸습니다. 여기서 '복을 주다'에 해당하는 단어는 히브리어 '바라크'입니다.

'하나님께서 축복하다, 복을 주다'라는 의미뿐만 아니라 '무릎을 꿇다, 찬양하다'라는 의미를 담고 있는 단어입니다. 이런 의미를 생각해 볼 때 하나님의 풍성한 복을 누리는 사람은, 먼저 주님 앞에 무릎을 꿇고 찬양하는 자일 것입니다.

바라크(무릎을 꿇고) 겸손히 하나님께 나아가는 자에게 하나님께서는 바라크(복)를 항상 주실 것입니다. 그래서 '복을 주시는' 하나님을 기억할 때, 바라크 의미를 먼저 생각해야 합니다. 무릎을 꿇고 기도하는 자, 무릎을 꿇고 찬양하는 자, 겸손히 주님께 순종하는 자에게 복을 주실 뿐만 아니라 축복을 온 열방에 흘려보내는 축복의 사람으로 세워주실 것입니다.

이러한 대사명을 위해 우리는 주님 앞에 구원받았고 부름 받은 백성입니다.

오늘도 나에게 복을 주시기 원하시는 주님께 풍성한 복을 주시도록 무릎을 꿇읍시다. 그리고 풍성한 복을 내 영혼 깊숙이, 그리고 주변 영혼에게, 더 나아가 열방을 품고 축복을 흘려보내는 귀한 믿음의 사명자가 되기를 소망합니다.

하나님께서는 우리에게 은혜 주시고,
복을 주시기를 기뻐하시는 분이십니다.

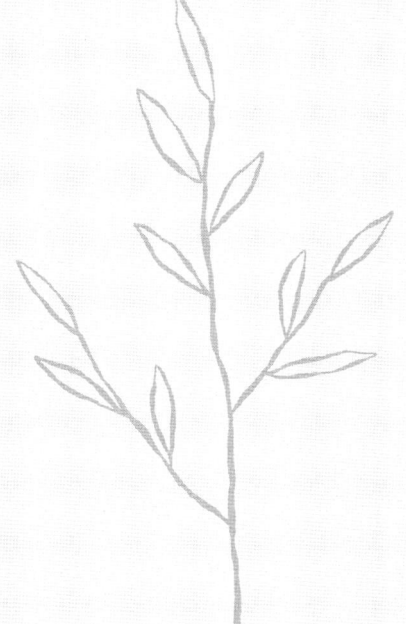

∴

23 내가 항상 주와 함께 하니 주께서 내 오른손을 붙드셨나이다
24 주의 교훈으로 나를 인도하시고 후에는 영광으로 나를 영접하시리니
25 하늘에서는 주 외에 누가 내게 있으리요 땅에서는 주 밖에 내가 사모할 이 없나이다
26 내 육체와 마음은 쇠약하나 하나님은 내 마음의 반석이시요 영원한 분깃이시라
27 무릇 주를 멀리하는 자는 망하리니 음녀 같이 주를 떠난 자를 주께서 다 멸하셨나이다
28 하나님께 가까이 함이 내게 복이라 내가 주 여호와를 나의 피난처로 삼아 주의 모든 행적을 전파하리이다

시 73:23-28

Day 18
하나님을 가까이 함이 내게 복이라

C.S 루이스가 쓴 '헤아려 본 슬픔'이라는 책이 있습니다. 사랑하는 가족을 먼저 떠나보내면서 너무 큰 아픔 속에 기록한 책입니다. 그중에 이런 내용이 나옵니다.

"하나님은 어디에 계시는 걸까? 이것은 우리를 근심케 하는 가장 큰 문제 중 하나이다. 당신이 행복할 때, 너무 행복해서 하나님이 필요하다는 느낌 조차 갖지 못할 때, 그럴 때 찬양하며 그분께 나아간다면 두 팔 벌려 환영받을 것이다.

그러나 당신의 필요가 절박한 때, 다른 모든 도움이 소용이 없을 때 그분께 나아간다면, 무엇을 발견할 수 있을까? 당신의 면전에서 문이 쾅 닫히고 다음엔 빗장을 거는 소리와 또 한 번 안에서 문을 잠그는 소리가 난다. 그런 후에는 정적이 흐른다. 이제 당신은 돌아서는 편이 낫다."

우리는 살아가면서 누구나 이런 마음을 한 번쯤은 느낄 때가 있지 않나요? 너무 큰 어려움 속에 '하나님은 대체 어디에 계시는 걸까?', '왜 이런 아픔이 나에게 찾아오는 것인가' 우리는 다 이해되지 않는 순간을 만나게 됩니다.

복음주의 최고의 작가인 '필립 얀시'가 쓴 책 제목처럼 '내가 고통당할 때, 하나님 어디 계십니까?' 라는 고백이 우리 삶 가운데 흘러나올 때가 있습니다. 오늘 시편 73편은 이보다 더 힘든 심정 가운데 시를 시작하고 있습니다. 의인은 고통도 이해하기 어려운 삶의 문제인데, 오히려 악인은 잘 먹고 잘사는 상황이 더 괴롭고 힘들다고 고백하고 있습니다.

> 하나님이 참으로 이스라엘 중 마음이 정결한 자에게 선을 행하시나 (시 73:1)

시인도 하나님께서 살아계시고 참으로 선을 행하시는 분이심을 알겠다고 고백합니다. 그러나 2절부터 본격적으로 하고 싶은 말을 합니다.

> 나는 거의 넘어질 뻔하였고 나의 걸음이 미끄러질 뻔하였으니 이는 내가 악인의 형통함을 보고 오만한 자를 질투하였음이로다 (시 73:2-3)

악인은 얼마나 잘되고 형통한지, 오만한 자가 평안한 것을 보며 질투할 뿐 아니라 실족하여 넘어질 뻔하였다고, 낙심하여 시험에 들었다고 표현하고 있습니다. 더 실감 나게 표준새번역 성경으로 읽으면 이렇습니다.

그들은 죽을 때에도 고통이 없으며, 몸은 멀쩡하고 윤기까지 흐른다. 사람들이 흔히들 당하는 그런 고통이 그들에게는 없으며, 사람들이 으레 당하는 재앙도 그들에게는 아예 가까이 가지 않는다. (새번역 성경, 시 73:4-5)

주변에 하나님을 믿는 백성들은 고통 가운데 힘겹게 지내고 있는데, 악인들은 온갖 교만과 악을 저지르면서도 오히려 형통하다는 것입니다. 어떻게 이럴 수가 있는지 마음이 갑절로 힘겹다는 표현을 하고 있습니다.

(그들은) "하나님인들 어떻게 알 수 있으랴? 가장 높으신 분이라고 무엇이든 다 알 수가 있으랴?" 하고 말한다. 그런데 놀랍게도, 그들은 모두가 악인인데도 신세가 언제나 편하고, 재산은 늘어만 가는구나. 이렇다면, 내가 깨끗한 마음으로 살아온 것과 내 손으로 죄를 짓지 않고 깨끗하게 살아온 것이 허사라는 말인가? (새번역 성경, 시 73:11-13)

믿음으로 살아온 지난 모든 날이 헛된 것처럼 보이는 현실 속에서 후회할 수밖에 없는 심정을 고백하고 있습니다.

하나님, 주님께서는 온종일 나를 괴롭히셨으며, 아침마다 나를 벌하셨습니다. (새번역 성경, 시 73:14)

의인이 형통하고 악인이 고통 가운데 벌받아야 하는데, 오히려 현실의 상황은 의인이 고난 당하며 살아가는데, 악인은 잘 먹고 잘사는 세상의 모습입니다. 이 현실이 얼마나 괴롭고 힘들든지 시인은 절규합니다.

> 내가 어쩌면 이를 알까 하여 생각한즉 그것이 내게 심한 고통이 되었더니 (시 73:16)

도저히 우리의 생각이나 이해로는 해석할 수 없는 삶의 문제를 고뇌하고 있습니다. 이 문제를 생각할수록, 이해해 보려고 할수록 오히려 그것인 내게 더 큰 고통이 되고, 낙심의 주제가 된다고 표현합니다.

'왜 나에게? 왜 저 사람은 괜찮은데 나에게만..'

고난보다 더 고통스러운 것은 전혀 이해되지 않는 버림받은 것 같은 상황이었습니다. 이것은 73편을 기록한 아삽 뿐만 아니라 수많은 사람이 지금까지 지속적으로 질문하고, 다 이해하지 못하는 문제입니다.

"하나님이 선하신 분이라면 왜 세상에 악이 존재하는가?"

"하나님이 살아 계신다면 왜 선한 사람이 고난을 당해야 하는가?"

구약의 하박국 선지자도 "왜 악인이 의인을 등쳐먹고, 정의는 짓밟혀야 하는가?" 절규했습니다. 이것을 신학 용어로 '신정론'이라고 합니다.

왜 이 세상에 악이 존재하는지, 악한 사람들이 오히려 세상에서는 잘 사는 것 같은데, 믿음의 사람은, 의인은 왜 더 많은 고통에 처하는 것처럼 보이는지 다 헤아리기 어렵습니다. 우리의 지식과 한계로는 전능하신 하나님을 다 이해할 수 없습니다. 지금 당장 내게 닥친 문제와 아픔이 시급하지 더 큰 하나님의 손길을 기대하기가 우리의 실력으로는 부족합니다. 그럼에도 왜 주님은 이런 상황들을 허락하실까요? 이런 질문 앞에 시인은 17절에 귀한 깨달음을 얻습니다.

하나님의 성소에 들어갈 때에야 그들의 종말을 내가 깨달았나이다 (시 73:17)

하나님의 성전에 들어갈 때에 드디어 결말을 깨닫게 됩니다.

주께서 참으로 그들을 미끄러운 곳에 두시며 파멸에 던지시니 그들이 어찌하여 그리 갑자기 황폐되었는가 놀랄 정도로 그들은 전멸하였나이다 (시 73:18-19)

악인이 비록 이 땅 가운데 형통하고 잘사는 것같이 보일지라도, 결국 종말에는 갑자기 파멸에 던져지고 전멸할 것이라고 선포합니다. 그러니 세상의 상황을 보면서 부러워할 필요도, 낙심할 필요도 없다는 겁니다.

내가 항상 주와 함께 하니 주께서 내 오른손을 붙드셨나이다 (시 73:23)
하늘에서는 주 외에 누가 내게 있으리요 땅에서는 주 밖에 내가 사모할 이 없나이다 내 육체와 마음은 쇠약하나 하나님은 내 마음의 반석이시요 영원한 분깃이시라 (시 73:25-26)
하나님께 가까이 함이 내게 복이라 내가 주 여호와를 나의 피난처로 삼아 주의 모든 행적을 전파하리이다 (시 73:28)

지금 이해되지 않는 고난을 당하더라도, 지금 다 헤아릴 수 없는 현실을 마주하더라도, 하나님께만 더욱더 가까이 나아가시길 바랍니다. 그것이 가장 큰 복이라 말씀하십니다.

'주님밖에 없습니다. 이 땅에 의지할 분 주님밖에 없습니다. 주님만이 나의 전부이십니다.' 고백하며 나아가는 귀한 성도님들 되시길 소망합니다.

매일 일상을 살아간다는 것은 이미 하나님의 놀라운 복을 받고 있다는 증거입니다. 일상이 최상의 인생임을 기억하시기 바랍니다.

지금 이해되지 않는 고난을 당하더라도,
지금 다 헤아릴 수 없는 현실을 마주하더라도,
하나님께만 더욱더 가까이 나아가시길 바랍니다.

우리가 그의 계신 곳으로 들어가서

그의 발등상 앞에서 엎드려 예배하리로다

시편 132편 7절

Weekly 4
일상, 주님과 동행하는 길

⋯

1 전능하신 이 여호와 하나님께서 말씀하사 해 돋는 데서부터 지는 데까지 세상을 부르셨도다
2 온전히 아름다운 시온에서 하나님이 빛을 비추셨도다
⋯⋯
22 하나님을 잊어버린 너희여 이제 이를 생각하라 그렇지 아니하면 내가 너희를 찢으리니 건질 자 없으리라
23 감사로 제사를 드리는 자가 나를 영화롭게 하나니 그의 행위를 옳게 하는 자에게 내가 하나님의 구원을 보이리라

시 50:1-2, 22-23

Day 19

지금부터, 감사

사회학자들의 분석에 따르면, 1950년대 지구촌 사람들에게 필요한 생필품은 72가지였고, 절대 필요한 필수품은 18가지였다고 합니다. 그런데 2천년대를 사는 현대인들의 생필품은 500가지 이상이고, 꼭 필요한 물품만도 50가지가 넘는다고 합니다. 필요한 생필품을 더 많이 누리며 사는 현대인들이 과연 1950년대 사람들보다 훨씬 더 행복하고 감사하며 지내고 있을까요?

유대인의 지혜서인 탈무드를 보면, 이런 말이 있습니다.

"세상에서 가장 지혜로운 사람은 배우는 사람이고, 세상에서 가장 행복한 사람은 감사하며 사는 사람이다."

우리는 어떤 조건 때문에 행복해서 감사한 것이 아니라, 감사하기 때문에 행복할 수 있는 것입니다.

'칼 힐티'라는 유명한 사상가도 그의 '행복론'에서 행복의 첫 번째 조건을 감사로 꼽았습니다. 그러면서 이렇게 말했습니다.

"감사하라. 그러면 젊어진다. 감사하라. 그러면 발전한다. 감사하라. 그러면 기쁨이 있다."

지극히 작은 일에도 당연히 여기지 않고 감사히 여기는 사람이, 반복되는 무의미한 일상처럼 느껴지는 매일의 생활 속에서도 행복한 하루하루를 보낼 수 있습니다. 감사는 분명 행복의 문을 여는 열쇠입니다.

여러분은 새로운 하루를 시작하면서 감사한 마음으로 출발하고 있습니까? 성경에서는 더더욱 하나님의 뜻이 감사임을 말씀해 줍니다.

> 범사에 감사하라 이것이 그리스도 예수 안에서 너희를 향하신 하나님뜻이니라 (살전 5:18)

감사는 기억이고 고백입니다. 하나님의 크신 은혜를 기억하는 사람이 참으로 감사할 수 있습니다. 그런 의미에서 감사하며 살아가는 사람이 참 믿음의 사람입니다. 그래서 믿음과 감사는 비례할 수밖에 없습니다.

시편 50편 본문 말씀에서도 하나님께서 사람 마음의 중심을 보시는데, 그 기준이 '감사'라고 하십니다. 오늘 본문은 아삽이 지은 시입니다. 시편 150편 중에 73편 정도로 가장 많은 시를 기록한 다윗 다음으로 많이 기록한 사람이 바로 아삽입니다. 아삽은 12편 정도의 시를 시편에 기록하였습니다.

아삽은 다윗왕 시대에 손꼽히는 찬양대장으로 귀하게 쓰임 받았을 뿐만 아니라 역대하 29장 30절에 보면, '선견자'라고 불렸습니다. 단지 찬양하는 자를 넘어 선지자와 같이 하나님의 말씀을 대언하는 사명을 감당했던 것입니다. 이런 의미에서 그가 지은 시편 50편은 우리가 더 새겨들어야 할 말씀입니다.

> 전능하신 이 여호와 하나님께서 말씀하사 해 돋는 데서부터 지는 데까지 세상을 부르셨도다 (시 50:1)

온 천지 만물을 창조하시고 다스리시는 전능하신 하나님의 손길을 보여줍니다.

> 하나님이 자기의 백성을 판결하시려고 위 하늘과 아래 땅에 선포하여 (시 50:4)

모든 백성을 판결, 심판하시기 위해 하나님 앞에 모두 모은다고 말씀합니다.

> 나는 네 제물 때문에 너를 책망하지는 아니하리니 네 번제가 항상 내 앞에 있음이로다 (시 50:8)

하나님께서는 제물 때문에 책망하지 않는다고 하십니다. 우리의 예배 생활, 헌금 생활 이런 것으로 책망하지 않는다고 하십니다. 왜 그럴까요?

> 세계와 거기에 충만한 것이 내 것임이로다 (시 50:12)

온 세상 만물이 모두 하나님의 소유이기 때문에 부족함이 없으십니다. 우리가 제사를 드리는 것, 제물을 드리는 것 안 해도 부족함이 전혀 없는 분이십니다. 그런데 반면에 16절에 악인에게 경고합니다.

> 악인에게는 하나님이 이르시되 네가 어찌하여 내 율례를 전하며 내 언약을 네 입에 두느냐 (시 50:16)

16절 이후로 악인의 악행에 대해 말씀하시며 무섭게 심판하실 것을 예언하십니다. 그런데 우리가 생각해야 할 것이 있습니다. 지금 본문에 등장하는 악인은 믿지 않는 세상 사람이 아닙니다. 모두 하나님을 믿는 성도를 대상으로 말씀하고 있습니다.

> 이르시되 나의 성도들을 내 앞에 모으라 그들은 제사로 나와 언약한 이들이니라 하시도다 (시 50:5)

제사로 하나님과 언약한 성도라고 말씀하십니다. 제사로 언약한 이들은 동물의 피와 희생으로 이루어진 하나님과의 언약 관계, 그의 백성들을 의미합니다. 그런데 그들을 향해 '악인'이라고 무서운 심판의 말씀을 하십니다. 겉으로는 똑같이 예배 생활 잘하고,

헌금 생활 잘하고, 신앙생활 잘하는 것같이 보이는데, 주님께서는 그런 겉모습을 보시며 판단하시는 것이 아닙니다.

> 하나님을 잊어버린 너희여 이제 이를 생각하라 그렇지 아니하면 내가 너희를 찢으리니 건질 자 없으리라 (시 50:22)

악인들을 향해 '하나님을 잊어버린 너희여'라고 말씀하십니다. 겉으로 예배 잘 드리며 신앙생활 잘하는 것 같지만, 그 마음에는 하나님의 은혜를 잊어버린 것입니다. 하나님의 크신 사랑을 모르는 자들입니다.

하나님의 은혜와 사랑을 깊이 생각하지 아니하면, 미지근한 신앙으로 머무는 것이 아니라, '내가 너희를 찢으리니 건질 자 없으리라'라고 무섭게 경고하십니다. 하나님께서 악인과 의인을 나누는 기준이 바로 이것입니다.

> 감사로 하나님께 제사를 드리며 (시 50:14)

> 감사로 제사를 드리는 자가 나를 영화롭게 하나니 그의 행위를 옳게 하는 자에게 내가 하나님의 구원을 보이리라 (시 50:23)

하나님께서 보시는 기준이 무엇입니까? 감사입니다. 그 마음의 중심에 감사가 있는지 없는지 보십니다. 똑같이 신앙생활은 하지만, 겉으로는 더 경건하게 잘 생활할 수 있습니다.

그러나 그 마음의 중심에 하나님을 향한 감사와 사랑으로 즐거이 드리는 자와, 반대로 억지로 마지못해 불평불만 속에 아무런 감동이나 감사함 없이 종교 형식적으로 드리는 자를 구별하신다는 것입니다.

감사는 우리를 구원하신 예수 그리스도의 은혜에 감격하는 것입니다. 감사는 구원의 기쁨을 회복하는 것입니다. 감사는 주님의 도우심의 손길을 깊이 깨닫는 것입니다.

오늘 23절 말씀처럼 '감사로 삶의 예배를 드리는 자'가 하나님을 영화롭게 영광 올려드리는 복된 삶을 살아갈 수 있습니다. 감사하는 자에게 하나님의 구원의 은혜를 더욱 풍성히 보여주십니다. 무조건적으로 긍정의 힘을 믿으며 감사하라는 말이 아닙니다. 죄 가운데 죽어 마땅한 나를 십자가의 사랑으로 구원해 주신 주님의 은혜를 기억하라는 것입니다. 구원의 감격을 회복하라는 것입니다.

> 하나님을 잊어버린 너희여 이제 이를 생각하라… (시 50:22)

감사의 선제 조건은 긍정의 힘이 아니라, 주님의 은혜를 기억하는 것입니다. 하나님의 창조하심, 주님의 구원 역사, 함께하시며 돌보시는 은혜, 그분의 신실하신 사랑, 주님을 생각하고 기억하는 사람이 감사와 감격으로 나아갈 수 있습니다. 우리가 당하는 환난이나 시험조차도 감사의 눈으로 바라보면 내게 유익한 하나님의 선물이 됩니다. 하나님은 환난과 고통 속에서도 정금과 같은 보화의 은혜들을 숨겨 놓으시기 때문입니다.

하나님이 거하시는 두 곳이 있는데 하나는 천국이요, 다른 하나는 감사하는 마음이라고 합니다. 감사는 하나님을 기쁘시게 하지만, 불평은 사탄을 기쁘게 만듭니다.

항상 감사하며 살아가시기 바랍니다. 오늘은 전광 목사님이 쓴 〈평생감사〉에 나오는 일기예보 예화로 본문을 마무리하겠습니다.

아침에 감사로 눈을 뜨면 그 생활은 맑음이다.
감사의 햇살이 불평의 구름에 가려지면 그 생활은 흐림이다.
그리고 그 불평이 연속되면 그 생활은 장마이다.

오늘도 우리와 함께하시는 주님 기억하며 감사함으로 은혜 가득한 가장 맑고 눈부신 날 되시길 주님의 이름으로 축복합니다.

· · ·

1 여호와께 감사하라 그는 선하시며 그 인자하심이 영원함이로다
2 여호와의 속량을 받은 자들은 이같이 말할지어다 여호와께서 대적의 손에서 그들을 속량하사
3 동서 남북 각 지방에서부터 모으셨도다
4 그들이 광야 사막 길에서 방황하며 거주할 성읍을 찾지 못하고
5 주리고 목이 말라 그들의 영혼이 그들 안에서 피곤하였도다
6 이에 그들이 근심 중에 여호와께 부르짖으매 그들의 고통에서 건지시고
7 또 바른 길로 인도하사 거주할 성읍에 이르게 하셨도다
8 여호와의 인자하심과 인생에게 행하신 기적으로 말미암아 그를 찬송할지로다
9 그가 사모하는 영혼에게 만족을 주시며 주린 영혼에게 좋은 것으로 채워주심이로다
10 사람이 흑암과 사망의 그늘에 앉으며 곤고와 쇠사슬에 매임은
11 하나님의 말씀을 거역하며 지존자의 뜻을 멸시함이라
12 그러므로 그가 고통을 주어 그들의 마음을 겸손하게 하셨으니 그들이 엎드러져도 돕는 자가 없었도다
13 이에 그들이 그 환난 중에 여호와께 부르짖으매 그들의 고통에서 구원하시되
14 흑암과 사망의 그늘에서 인도하여 내시고 그들의 얽어 맨 줄을 끊으셨도다
15 여호와의 인자하심과 인생에게 행하신 기적으로 말미암아 그를 찬송할지로다

시 107:1-15

Day 20

인생에게 행하신 기적

 시편(Psalms)은 기독교의 가장 오래된 찬송입니다. '이스라엘 민족의 찬송가'라고도 지칭되는 시편은 모세로부터 시작하여 약 1,000년에 걸쳐 기록되었으며, 150편 중 약 절반은 다윗의 시편으로 알려져 있습니다. 이러한 시편은 유대교 예배에서 정규적으로 노래했으며, 시편 전체를 암송하는 유대인들도 많았습니다. 예수 그리스도께서도 그렇게 시편을 늘 암송하고 계셨기에 말씀 가운데 시편을 종종 인용하셨습니다. 종교개혁자들은 중세 시대에 잃어버린 회중 찬송을 회복하고자 각별한 노력을 기울였습니다.
 특히 칼빈은 '오직 성경으로'(Sola Scriptura)라는 종교개혁 정신에 따라 예배 중에는 오직 시편만을 자국어(自國語)로 노래하기를 원했고, 그 결과 시편가(psalmody)라는 소중한 교회음악 장르가 확립되었습니다.
 오늘 본문 107편도, 이스라엘 백성들이 하나님을 찬양하는 내용이 담겨 있습니다. 특별히 바벨론 포로 생활에서 돌아온 후 기록하였기에 그 어떤 때보다 하나님의 놀라운 은혜를 감격 속에 찬양하며 감사했을 것입니다.

시편 107편은 1절~9절까지 광야에서 방황하고 길을 찾지 못하여 주리고 목마른 영혼을 건져주신 하나님의 사랑을 찬송하고 있습니다. 그리고 10절~16절까지는 흑암과 쇠사슬에 매인 죄인을 풀어주시고 자유케 해 주신 하나님을 찬송하고 있습니다. 17절~22절까지는 죄악과 고통 가운데 구원해 주신 하나님을, 그리고 23절~32절까지는 바다와 광풍 가운데서도 혼란한 인생을 평온함으로 인도해 주시는 하나님을 찬송하고 있습니다.

마치 우리가 현재 부르는 찬송가처럼 1절, 2절, 3절, 4절, 이렇게 자세히 하나님의 놀라운 일들을 찬송하고 각 절 마지막에 후렴구처럼 반복해서 고백하고 있습니다.

> 여호와의 인자하심과 인생에게 행하신 기적으로 말미암아 그를 찬송할지로다 (시 107:8)

이 말씀이 8절, 15절, 21절, 31절 이렇게 각 구절이 끝날 때마다 후렴구처럼 반복해서 하나님을 찬송하고 있습니다. 시편 107편에 하나님의 사랑을 고백하면서 우리 인생이 겪을 수 있는 모든 고난을 자세하게 묘사하고 있다고 해도 과언이 아닐 정도로 자세하게 표현하고 있습니다.

1. 첫 번째 단락, 인생의 광야 가운데 목마르고 주릴 수밖에 없는

영혼이었지만, 그가 사모하는 영혼에게 만족을 주시며 주린 영혼에게 좋은 것으로 채워주시는 하나님을 찬송합니다.

2. 10절부터 두 번째 단락, 하나님의 말씀을 거역하여 사망과 흑암 속에 비참히 살아갈 수밖에 없었던 영혼에게, 자유를 주신 하나님을 찬송합니다.

3. 17절부터 세 번째 단락, 죄악의 길을 따라 살았기에 고난 속에 고통받아 마땅하지만, 구원해 주신 하나님을 찬송합니다.

4. 마지막 23절부터 네 번째 단락, 바다의 광풍과 풍랑 가운데서도 광풍을 고요하게 하사 물결도 잔잔하게 하시며 그들이 평온함으로 모두를 기쁨 가운데 가장 안전한 항구로 인도하시는 하나님을 찬송하고 있습니다. 인생의 모든 고난 속에서도 간섭하시고 역사하시는 하나님을 고백하며 찬송하고 있습니다.

고난의 순간이 찾아오면 누구나 감당할 수 없을 만큼 힘든 시간을 보냅니다. 그러나 그 순간마다 주님은 우리와 함께하시며 가장 크신 사랑으로 인도해 주신다는 것을 알 수 있습니다. 오늘 본문에서 특이한 부분이 하나 더 나오는데, 그것은 각 단락마다 후렴구처럼 반복되는 표현이 등장한다는 것입니다.

이에 그들이 근심 중에 여호와께 부르짖으매 그들의 고통에서 건지시고
(시 107:6)

그들이 환난과 고통 중에 여호와께 부르짖으매 그들의 고통에서 구원하시고 인도하여 내시는 말씀이 6절 뿐만 아니라 13절, 19절, 28절 각 단락 중간마다 등장하고 있습니다. 죽음과 극심한 고통의 상황에서 아무도 도와주지 않는다면 얼마나 끔찍하겠습니까?

그러나 그때마다 부르짖게 하시고, 응답해 주시는 분이 누구신가요? 우리 하나님이 언제나 함께 계십니다. 그래서 우리가 부르짖으면 어떤 상황 속에서도 우리를 건지시고 구원해 주신다고 약속해 주고 계십니다.

역사를 보면 성도들이 흘린 눈물의 시간이 적지 않습니다. 이 모든 어려움은 모두 죄로 인한 것은 아니었지만, 결국 하나님께서는 그분의 말씀대로 살지 못했던 잘못을 보게 하시고 회개하여 주님께 더 가까이 나아가게 하는 섭리로 변화시켜 주셨습니다.

그래서 C.S. 루이스는 '고통의 문제'라는 책에서 우리에게 찾아오는 고난의 유익을 이렇게 말하고 있습니다.

"신이 인간에게 고통을 주시는 이유는, 인간은 고통 앞에서 잠든 마음이 깨어나기 때문이다. 시련이 닥치기 전까지는 인간은 안락함 속에서 그 영혼이 깨어나지 않으며 감사와 은혜를 깨닫지 못한다. 그러나 사람들은 고통 앞에서 비로소 깨어나고 겸허해진다."

깊은 고난을 통과하며 하나님의 함께하심과 구원을 경험한 영혼은 시편 107편의 후렴구 고백을 할 수밖에 없습니다(8절, 15절, 21절, 31절).

여호와의 인자하심과 인생에게 행하신 기적으로 말미암아 그를 찬송할지로다 (시 107:15)

하나님의 놀라운 구원의 은혜를 경험한 이스라엘 백성이 고백한 시편 107편이기에 1절에 성도들에게 이렇게 선포하며 시편을 시작하고 있습니다.

여호와께 감사하라 그는 선하시며 그 인자하심이 영원함이로다 (시 107:1)

여호와께 감사하라고 명령합니다. 사람이 얼마나 연약한지, 100가지 감사 제목이 있어도 당장 1~2가지만 나를 힘들게 하고 감정과 상황을 어지럽히면 쉽게 불평불만을 먼저 할 수도 있습니다.
하나님의 "인자하심"은 히브리어로 "헤세드"입니다. 이 단어에 하나님의 무조건적인 사랑이 담겨 있습니다. 하나님의 자비, 인자, 은혜, 사랑 등이 포함된 풍성하신 하나님의 사랑의 손길이 담겨있습니다. 언제나 우리를 향한 사랑으로 붙잡아주시는 헤세드의 사랑, 자신의 독생자 예수 그리스도를 내어 주시기까지 우리를 끝까지 사랑하신 하나님 아버지의 사랑입니다.
이 사랑을 경험한 우리는 그 무엇과 비교할 수 없이 놀라운 기적을 경험했고, 또 매일 동행해 주시는 주님으로 인해 경험해 가며, 영원한 기적을 소유한 주님의 자녀들입니다. 이 주님의 크신 사랑의 기적, 놀라운 은혜 앞에 감사하며 찬송하는 귀한 삶이 되길 축복합니다.

...

1 여호와께 감사하고 그의 이름을 불러 아뢰며 그가 하는 일을 만민 중에 알게 할지어다
2 그에게 노래하며 그를 찬양하며 그의 모든 기이한 일들을 말할지어다
3 그의 거룩한 이름을 자랑하라 여호와를 구하는 자들은 마음이 즐거울지로다
4 여호와와 그의 능력을 구할지어다 그의 얼굴을 항상 구할지어다
5-6 그의 종 아브라함의 후손 곧 택하신 야곱의 자손 너희는 그가 행하신 기적과 그의 이적과 그의 입의 판단을 기억할지어다
7 그는 여호와 우리 하나님이시라 그의 판단이 온 땅에 있도다
8 그는 그의 언약 곧 천 대에 걸쳐 명령하신 말씀을 영원히 기억하셨으니
9 이것은 아브라함과 맺은 언약이고 이삭에게 하신 맹세이며
10 야곱에게 세우신 율례 곧 이스라엘에게 하신 영원한 언약이라

시 105:1-10

Day 21
하나님을 기억하라

 인생을 살아가면서 우리는 참 많은 사람을 만나며 지냅니다. 그중에 쉽게 잊혀지는 사람이 있는가 하면, 오랜 시간이 지나도록 좋은 모습으로 기억되는 사람이 있습니다. 어떤 사람이 행복한 사람일까요?

 누군가에게 아름다운 모습으로 오래도록 기억되는 사람이 참 행복한 사람일 것입니다. 누군가가 나를 항상 기억해 주고, 늘 나를 위해 응원해 준다면 힘겨운 광야 길을 걷는다 해도 외롭지 않고 담대하게 살아갈 수 있을 겁니다.

 우리에게 참 기쁜 소식은 이런 분이 언제나 우리 곁에 함께 계시다는 것입니다. 그분이 누구신가요? 우리 하나님이십니다. 나를 가장 잘 아시고 나를 가장 먼저 생각해 주시고, 나를 위해 아낌없이 사랑을 베풀어 주시는 분, 우리 하나님 아버지께서 함께해 주시며 늘 나를 기억해 주신다는 사실입니다.

 오늘 우리가 읽은 시편 105편에서도 "기억하시는 하나님"의 모습을 강조하고 있습니다. 시편 105편은 이스라엘의 역사를 돌아

보면서 그 역사 속에서 언약을 이루어 오신 하나님의 신실하심에 대해 감사와 찬송을 올려 드리는 감사시이며 역사시입니다.

이 시편에서 시인은 이스라엘의 조상인 아브라함으로부터 시작하여 이스라엘 민족이 가나안 땅에 들어와 차지하기까지의 역사를 자세히 기록하고 있습니다.

이처럼 이스라엘이 하나의 민족으로 형성되고 애굽에서 나와 가나안 땅을 차지하게 된 것이 오직 여호와 하나님께서 아브라함과 맺으신 언약을 기억하사 백성들을 끊임없이 사랑으로 돌보아 주셨기 때문이라고 말씀하고 있습니다. 그러면서 그의 백성을 늘 기억해 주시는 하나님, 항상 사랑으로 돌보시는 하나님을 우리도 적극적으로 기억해야 한다고 권면하고 있습니다.

5절, 8절, 42절에 보면, '기억하다'라는 단어가 반복해서 사용되었습니다. 물론 8절과 42절에는 하나님께서 그의 백성들을 기억하셨다는 내용이고, 5절은 이러한 사랑의 하나님을 우리가 기억해야 할 것을 말하고 있습니다. 그렇지만, 3곳 모두 '기억하다'라는 히브리어 '자카르'를 반복해서 사용하였습니다.

이 단어의 기본 개념은 '기억하다', '주의를 기울이다'의 뜻으로 사람의 정신적 활동을 의미합니다. 하지만, 때로 이 단어가 '권고하다'의 뜻으로 쓰일 때는 사람들의 망각을 일깨워 잊어버렸던 사실들을 떠올리고 기억하게 해주는 역할을 합니다.

따라서 '기억하다'는 단순히 과거의 어떤 사실을 기억하고 암기하는 정도가 아니라 주의를 기울여 묵상하고 회상하며, 스스로를 권면하여 일깨우는 적극적이고 능동적인 영적 행위를 가리키는 단어입니다.

하나님께서 끊임없이 사랑으로 우리를 기억하시고 돌보시는 것처럼, 우리 또한 지금까지 신실하게 역사하시는 하나님을 기억해야 온전한 성도로 살아갈 수 있음을 알려 주고 있습니다. 하나님의 은혜를 기억하는 온전한 성도가 되기 위해 우리가 어떻게 해야겠습니까?

1. 감사하라

> 여호와께 감사하고 그의 이름을 불러 아뢰며 그가 하는 일을 만민 중에 알게 할지어다 (시 105:1)

아무런 조건 없는 이스라엘 사람들을 하나님의 자녀로 부르시고 구원해 주신 것을 기억하며 감사하라고 말씀하고 있습니다. 이스라엘 백성들처럼 하나님의 크신 은혜를 경험한 백성도 없습니다.

시편 105편에서 말씀하고 있는 것처럼, 신명기 7장 7절에서는 어떻게 이스라엘 백성들이 구원받을 수 있었는지 자세히 말씀하고 있습니다.

> 여호와께서 너희를 기뻐하시고 너희를 택하심은 너희가 다른 민족보다 수효가 많기 때문이 아니니라 너희는 오히려 모든 민족 중에 가장 적으니라

(시 105:7)

가장 적고 연약한데 하나님께서 주권적으로 선택하시고, 사랑으로 돌보시고, 온전한 은혜로 돌보아 주셨기 때문에 하나님의 택함 받은 백성으로 세워질 수 있었습니다.

우리 또한 동일하지 않습니까? 하나님께서 우리를 하나님의 자녀 삼으신 것, 지금 이 광야 길을 걷는 순간 속에서도 구원의 은혜로 인도하시며 영원한 생명으로 이끄시는 것, 전적인 주님의 사랑이며 은혜입니다.

18세기 영국 복음주의 운동에 영향을 끼쳤던 '윌리엄 로'라는 분은 이런 말을 했습니다.

"누가 세상에서 가장 위대한 성도인지 아는가? 가장 많이 기도하거나 가장 많이 금식하는 사람이 아니요, 늘 하나님께 감사하고 언제나 하나님을 찬양할 준비가 돼 있는 사람이다. 감사의 영을 갖는 것보다 더한 기적은 없다. 감사하는 영혼은 접하는 모든 것을 복되게 만들기 때문이다."

믿음의 성도는 하나님께 감사하는 성도입니다. 하나님 앞에 늘 감사하며 하나님을 기억하시는 행복한 성도 되시길 소망합니다.

2. 찬양하라

그에게 노래하며 그를 찬양하며 그의 모든 기이한 일들을 말할지어다 (시 105:2)

하나님을 기억하는 믿음이 되기 위해 하나님을 언제나 '찬양하라'는 것입니다. 찬양은 하나님을 기억하며 높이는 것입니다. 찬양은 하나님께 경배와 영광을 올려드리는 것입니다. 하나님께서는 찬양 가운데 함께하시고 우리의 찬양을 기쁘게 받아 주십니다.

찬양은 우리의 영혼을 하나님께 집중시키는 영적 능력이 있습니다. 우리가 하나님을 높이며 찬양할 때 주님의 놀라운 임재를 경험하게 될 것입니다. 때로는 세상을 살아가면서 하나님께서 베푸신 놀라운 은혜들을 망각하며 지낼 때가 있습니다. 나에게 주어진 현실 속에 원망과 불평하며 지낼 때도 있습니다.

그러나 그 순간 주님을 찬양할 때 우리를 향하신 하나님의 은혜를 다시 기억하게 될 것입니다. 찬양할 때 우리는 세상의 종이 아니라, 하나님의 거룩한 자녀라는 영적인 정체성을 회복하게 될 것입니다.

종교 개혁자인 마틴 루터는 이렇게 말했습니다.

"하나님은 무한히 선하시며 결코 피곤치 않으십니다. 그러므로 인생들은 영원히 하나님을 찬양할 것입니다."

삶의 모든 순간마다 주님을 찬양하며 경배함으로 영혼의 회복과 평안을 누리는 성도들 되시길 소망합니다.

3. 구하라

여호와와 그의 능력을 구할지어다 그의 얼굴을 항상 구할지어다 (시 105:4)

하나님을 기억하는 믿음이 되기 위해 하나님을 구해야 합니다. 성도에게 주신 최고의 특권 중에 하나는 기도, 곧 구하는 것입니다. 가장 높으신, 만왕의 왕이신, 전능하신 하나님께 기도할 수 있다는 것, 그 분께 당당히 구할 수 있다는 것은 그 무엇과 바꿀 수 없는 놀라운 특권입니다.

한 나라의 통수권자인 대통령에게 나아가 무언가를 당당히 요구하고 직접 응답을 받을 수 있는 사람이라면 대단한 권세를 가진 사람입니다. 이런 자는 세상 사람들이 모두 부러워할 것입니다.

하물며 죄인인 우리가 담대하게 하나님 앞에 나아가 기도할 수 있다는 것, 하나님의 응답을 무 제한적으로 받을 수 있는 것, 무엇과도 비교할 수 없는 엄청난 축복입니다.

본문 4절에서는 여호와와 그의 능력을 구하라고 말씀합니다. 하나님의 능력으로 무장할 때 우리가 믿음으로 담대하게 살아갈 수 있습니다. 세상의 능력이 아니라 하나님의 능력만이 우리를 살리고 회복시킬 수 있습니다. 그래서 우리는 하나님의 능력, 그분의 손길, 그분의 도우심을 바라며 구해야 합니다.

그리고 더 나아가 '그의 얼굴, 하나님의 얼굴을 항상 구할지어다'라고 말씀합니다. 하나님의 얼굴은 하나님 그 자체이십니다. 하나님의 능력도 중요하지만, 하나님 그 자체를 항상 구하는 것이 중요합니다. 이것은 하나님의 강력한 임재를 갈망하는 것입니다.

우리 손에 무엇이 들렸는지도 중요하지만, 그것을 누가 주셨는지를 알고 그분께 집중하는 것이 성숙한 신앙인의 자세입니다. 아무리 많은 복을 누리고, 큰 능력이 있다고 하더라도, 가장 중요한 하나님의 얼굴, 하나님의 임재를 구하는 데 실패한다면 하나님과 무관한 신앙생활을 할 수도 있습니다.

 항상 하나님의 능력을 구할 뿐만 아니라 하나님의 얼굴, 하나님의 온전한 임재를 바라며 기도하는 믿음의 성도들 되시길 축복합니다.
 우리는 하나님께서 늘 사랑으로 보살펴 주시며 기억하시는 하나님의 택함 받은 자녀입니다. 우리 또한 하나님께서 베푸신 놀라운 은혜들을 기억하며 살아갈 때 온전한 믿음의 사람으로 살아갈 수 있습니다.

 하나님을 기억하시기 위해 항상 감사하십시오.
 언제나 하나님을 찬양하십시오.
 그리고 하나님을 간절히 구하십시오.

 그래서 하나님의 풍성한 은혜를 힘입어 날마다 주님과 동행하는 기쁨의 날 되시길 예수님의 이름으로 축복합니다.

• • •

1 여호와여 다윗을 위하여 그의 모든 겸손을 기억하소서
2 그가 여호와께 맹세하며 야곱의 전능자에게 서원하기를
3 내가 내 장막 집에 들어가지 아니하며 내 침상에 오르지 아니하고
4 내 눈으로 잠들게 하지 아니하며 내 눈꺼풀로 졸게 하지 아니하기를
5 여호와의 처소 곧 야곱의 전능자의 성막을 발견하기까지 하리라 하였나이다
6 우리가 그것이 에브라다에 있다 함을 들었더니 나무 밭에서 찾았도다
7 우리가 그의 계신 곳으로 들어가서 그의 발등상 앞에서 엎드려 예배하리로다
8 여호와여 일어나사 주의 권능의 궤와 함께 평안한 곳으로 들어가소서
9 주의 제사장들은 의를 옷 입고 주의 성도들은 즐거이 외칠지어다
10 주의 종 다윗을 위하여 주의 기름 부음 받은 자의 얼굴을 외면하지 마옵소서
11 여호와께서 다윗에게 성실히 맹세하셨으니 변하지 아니하실지라 이르시기를 네 몸의 소생을 네 왕위에 둘지라
12 네 자손이 내 언약과 그들에게 교훈하는 내 증거를 지킬진대 그들의 후손도 영원히 네 왕위에 앉으리라 하셨도다
13 여호와께서 시온을 택하시고 자기 거처를 삼고자 하여 이르시기를
14 이는 내가 영원히 쉴 곳이라 내가 여기 거주할 것은 이를 원하였음이로다
15 내가 이 성의 식료품에 풍족히 복을 주고 떡으로 그 빈민을 만족하게 하리로다

시 143:1-15

Day 22

성전 중심의 믿음

　이스라엘 백성들은 늘 성전 중심으로 살았습니다. 이것은 곧 하나님 중심의 신앙생활입니다. 그들은 예루살렘 성전을 중심으로 살아가며, 하나님을 마음에 두고 살아갔습니다. 여러분은 어디에 중심을 두고 하루하루 살아가고 계시나요?

　오스왈드 챔버스가 '주님은 나의 최고봉'이라는 책에서 이렇게 말했습니다.

　"짓눌리지 않는 삶을 유지하는 비결은 늘 예수 그리스도만을 바라보며 사는 것입니다."

　우리는 세상에서 살아가지만 세상을 바라보고 마음을 뺏길 때, 세상에서 실패하게 됩니다. 그러나 우리가 주님을 바라볼 때 세상을 이길 수 있는 능력을 더하여 주십니다. 세상에서 늘 피곤하고, 짓눌리는 어려운 상황이 있더라도 성전 중심, 하나님 중심으로 주님께 마음을 두고, 주님을 위해 살아가는 귀한 믿음의 자녀들이 되기를 축복합니다.

　오늘 시편 132편은 이스라엘 백성들이 얼마나 성전 중심으로 살

앉는지를 보여주는 대표적인 시입니다.

여호와여 다윗을 위하여 그의 모든 겸손을 기억하소서 (시 132:1)

다윗을 위하여 그의 모든 겸손을 기억하라는 것이 무엇입니까? 본문에는 다윗이 하나님의 성전을 짓기 위해, 그리고 하나님을 위해 살고자 헌신했던 그 모든 겸손, 그의 모든 수고, 고난, 최선을 잊지 말고 기억해 달라는 간절한 간구가 나옵니다.

이 시가 하나님을 위해 온전히 섬겼던 다윗의 모습을 생각나게 해 주기에 다윗이 지은 시라고 보는 견해도 있습니다. 또 다른 학자들은 아버지 다윗의 성전 중심의 삶을 직접 옆에서 보고, 그 다윗의 정성으로 성전을 직접 짓게 되었던 그 아들 솔로몬이 기록한 시라고 보기도 합니다.

아니면 그 후대 사람들이 조상 다윗의 성전 중심의 믿음을 본받고자, 그리고 다윗에게 베푸셨던 은혜를 우리에게도 내려 달라는 간절한 마음으로 본 시를 기록했을 것으로 추정하기도 합니다.

그러나 분명한 것은 본 시는 표제어에 기록된 것처럼, [성전에 올라가는 노래]로써 하나님께 예배드리기 위해 성전으로 올라갈 때 불렀던 노래입니다. 성전으로 나아갈 때마다 믿음의 후손들이 이 시를 고백하며 그들의 조상 다윗의 모든 겸손과 헌신을 기억해 달라고 하나님께 간구합니다.

아마 이스라엘 역사상 가장 하나님을 사랑한 인물을 한 명 꼽으라면 다윗이지 않을까 생각할 수 있습니다. 다윗은 수많은 시편을 남기며 그 안에 하나님을 향한 진실한 사랑의 고백을 무수히 남겨 놓았습니다. 우리가 잘 아는 것처럼 다윗은 어린 목동 시절부터 그 힘든 광야 생활 속에서도 생명과 길이 되시는 하나님만 바라보며 믿음을 키워갔습니다. 밤마다 추운 광야 속에서도 쏟아지는 별들을 보며 창조주 하나님을 기억했습니다. 언제 들여 닥칠지 모르는 맹수의 공격 속에서도 두려워하기보다 그를 돌보시고 보호하시는 하나님만 의지하여 담대히 이겨나갈 수 있었습니다.

궁극적으로 수많은 믿음의 연단을 통해 그가 이스라엘의 왕이 되었을 때도 그는 더욱 겸손히 하나님 앞에 무릎 꿇고 그분을 예배하며 섬겼습니다.

그 대표적인 모습이 바로 하나님의 임재를 상징하는 언약궤를 예루살렘 성으로 모셔 오는 일이었습니다. 그 일을 위해 그는 전 국가적인 행사보다 더 신경 써서, 그리고 수많은 헌신과 값을 지불하면서까지 언약궤를 성으로 정성껏 모셔 왔습니다.

그 언약궤가 들어오자 하나님의 임재 앞에 기쁨을 감추지 못하고 신나게 덩실덩실 춤을 추는 모습이 사무엘하 6장에 자세히 담겨 있습니다. 그 아내 미갈은 그 모습을 보고 비난하지 않습니까? 그런데 다윗은 얼마나 감사하고 즐거웠으면 모든 체면을 내려놓고 몸 찬양을 아낌없이 드릴 수 있었을까요? 하나님의 크신 사랑을 경험한 자가 표현할 수 있는 감격의 행동이었습니다.

여러분은 하나님의 강력한 임재 앞에, 하나님께서 함께하심이 너무 기쁘고 즐거워서 온몸과 마음을 다해 주체할 수 없는 찬양과 경배를 드린 적이 있으신가요? 다른 무엇이 아니라 하나님의 은혜가 느껴져 감사하고, 하나님께서 나 같은 자를 사랑해 주심에 감격해서 예배드린 적이 언제인가요? 이러한 충만한 은혜의 감격이 넘치는 믿음으로 회복되시길 소망합니다.

다윗은 이뿐만 아니라 하나님의 성전을 짓고자 애태우며 최선을 다했던 사람이었습니다.

> 나는 좋은 궁전에 살면서 편하게 지내는데, 하나님의 언약궤는 초라한 휘장 가운데 있도다 (삼하 7:2)

주님을 위해 최고의 성전을 지어드리고 싶은 마음이 간절했던 다윗입니다. 이것은 어떤 화려한 건물을 지어보려는 인간적인 마음이 아니라, '어떻게 하면 사랑하는 하나님을 기쁘시게 할 수 있을까'하는 진실한 믿음에서 나온 생각이었습니다.

여러분은, '내가 하나님을 위해 무엇을 할 수 있을까?' 하루에 얼마나 고민하십니까? 물론 하나님께서는 스스로 완전하시기에 그 어떤 것도 필요하지 않으신 전능하신 분이십니다.

그러나 다윗의 헌신을 살피면서 우리는 과연 이 시대 가운데 하나님 중심으로 살아가고 있는가, 우리의 마음을 점검해 보자는 의미입니다. 간절한 다윗의 마음을 주님께서 보시고 어떻게 했나요?

> 네가 가는 모든 곳에서 내가 너와 함께 있어 네 모든 원수를 네 앞에서 멸하였은즉 땅에서 위대한 자들의 이름같이 네 이름을 위대하게 만들어 주리라 (삼하 7:9)

이 외에도 하나님께서는 큰 축복을 약속하시면서 일방적으로 은혜로 가득한 '다윗의 언약'을 세워주십니다.

오늘 시편 본문은, 하나님을 향한 다윗의 이 모든 헌신, 그리고 주님께서 그에게 약속하신 다윗의 언약을 기억해 달라고 고백하고 있는 내용입니다. 과연 기억을 더 잘하시는 분은 우리일까요, 하나님이실까요? 당연히 하나님께서 더 잘 기억하십니다. 우리는 아무리 귀한 말씀이라고 해도 자주 잊어버리지만, 하나님께서는 우리의 모든 세세한 부분까지도 모두 기억하시고 아십니다. 그리고 돌보시고 책임지십니다.

혹시 기억해 달라는 간구를 하지 못해도 주님께서는 우리를 먼저 기억해 주시는 분이십니다. 오히려 우리가 다윗처럼 하나님을 위해 모든 겸손과 헌신으로 살아가는 삶이 될 수 있기를 간구하며 힘써야 할 줄로 믿습니다. 이처럼 다윗처럼 성전 중심으로 살아가며, 하나님만 예배하며 살아갈 때, 마지막 절인 18절에 이렇게 축복하십니다.

내가 그의 원수에게는 수치를 옷 입히고 그에게는 왕관이 빛나게 하리라 하셨도다 (시 132:18)

마치 하나님께서는 다윗 언약을 통해 우리에게 보여주시는 것 같습니다. 다윗처럼 성전 중심, 하나님 중심으로 살아가는 자에게 하나님께서 어떻게 크신 은혜를 베푸시는지, 얼마나 아낌없이 하늘의 신령한 복들을 가득 부어주시는지 가르쳐 주시는 것 같습니다.

더 중요한 것은, 고린도후서 6장 16절에 "우리는 살아계신 하나님의 성전이라"고 말씀합니다. 구약시대에는 예루살렘 성전을 중심으로 하나님의 임재를 경험했습니다. 그러나 지금 신약시대에는 예수 그리스도를 통해 우리는 죄 용서를 받고 성령 하나님께서 직접 우리 안에 함께하고 계십니다. 이전에는 상상도 할 수 없는 기적이 예수님을 통해 우리는 경험하고 있습니다.

우리가 믿음 가운데 살지 못하고, 하나님 중심으로 살아가지 못해 느끼지 못할 뿐이지, 이미 주님께서는 우리 안에, 우리와 함께, 우리와 영원히 동행하시는 분이십니다. 모든 것이 하나님의 은혜입니다. 우리가 살아 숨 쉬는 모든 순간은 주님의 크신 사랑 덕분입니다. 이러한 주님 안에 성전 중심으로, 하나님 중심으로 살아가시길 소망합니다.

하나님께서는 우리의 모든 세세한 부분까지도
모두 기억하시고 아십니다.
그리고 돌보시고 책임지십니다.

∙∙∙

1 할렐루야 여호와의 이름을 찬송하라 여호와의 종들아 찬송하라

2 여호와의 집 우리 여호와의 성전 곧 우리 하나님의 성전 뜰에 서 있는 너희여

3 여호와를 찬송하라 여호와는 선하시며 그의 이름이 아름다우니 그의 이름을 찬양하라

4 여호와께서 자기를 위하여 야곱 곧 이스라엘을 자기의 특별한 소유로 택하셨음이로다

5 내가 알거니와 여호와께서는 위대하시며 우리 주는 모든 신들보다 위대하시도다

6 여호와께서 그가 기뻐하시는 모든 일을 천지와 바다와 모든 깊은 데서 다 행하셨도다

7 안개를 땅 끝에서 일으키시며 비를 위하여 번개를 만드시며 바람을 그 곳간에서 내시는도다

8 그가 애굽의 처음 난 자를 사람부터 짐승까지 치셨도다

9 애굽이여 여호와께서 네게 행한 표적들과 징조들을 바로와 그의 모든 신하들에게 보내셨도다

10 그가 많은 나라를 치시고 강한 왕들을 죽이셨나니

11 곧 아모리인의 왕 시혼과 바산 왕 옥과 가나안의 모든 국왕이로다

12 그들의 땅을 기업으로 주시되 자기 백성 이스라엘에게 기업으로 주셨도다

13 여호와여 주의 이름이 영원하시니이다 여호와여 주를 기념함이 대대에 이르리이다

14 여호와께서 자기 백성을 판단하시며 그의 종들로 말미암아 위로를 받으시리로다
15 열국의 우상은 은금이요 사람의 손으로 만든 것이라
16 입이 있어도 말하지 못하며 눈이 있어도 보지 못하며
17 귀가 있어도 듣지 못하며 그들의 입에는 아무 호흡도 없나니
18 그것을 만든 자와 그것을 의지하는 자가 다 그것과 같으리로다
19 이스라엘 족속아 여호와를 송축하라 아론의 족속아 여호와를 송축하라
20 레위 족속아 여호와를 송축하라 여호와를 경외하는 너희들아 여호와를 송축하라
21 예루살렘에 계시는 여호와는 시온에서 찬송을 받으실지어다 할렐루야

시 135:1-21

Day 23

왜 찬송해야 하는가

우리는 하나님을 찬송하는 자녀들입니다. 오늘 본문 1절에서도 이렇게 시작합니다.

할렐루야 여호와의 이름을 찬송하라 (시 135:1上)

본문에서 가장 많이 등장하는 단어가 초반부에는 여호와를 '찬송하라', 후반부에는 여호와를 '송축하라' 입니다. '찬송, 송축' 둘 다 비슷한 의미로, 겸손히 무릎 꿇고 하나님만 경배하며 찬양하라는 의미입니다. 그렇다면 우리는 왜 하나님을 찬송해야 하나요?

1. 우리의 존재 때문에 찬송해야 합니다

여호와의 종들아 찬송하라 (시 135:1下)

우리는 여호와의 종입니다. 하나님을 섬기는 백성들입니다.

이 백성은 내가 나를 위하여 지었나니 나를 찬송하게 하려 함이니라 (사 43:21)

하나님을 위해, 하나님을 찬송하고 그분께 영광 올려드리기 위해 우리는 특별히 창조되었습니다.
C.S 루이스가 이런 말을 했습니다.
'찬양은 우리 존재의 시작이요, 줄거리요, 완성이다.'
우리의 존재 자체가 하나님을 찬송하는 것이기에 하나님을 찬송해야만 합니다. 존재 목적대로 순종할 때 우리는 주님의 영광, 주님의 은혜를 풍족히 누릴 수 있습니다. 그런데 만약, 우리가 하나님을 찬송하지 않으면 어떻게 될까요? 우리의 존재가 부정됩니다.
하나님을 영화롭게 하며 하나님을 찬양해야 하는 주님의 종이 찬송하지 않는 인생, 주님과 무관한 인생을 살아간다면 그것처럼 비참한 인생은 없을 것입니다. 그런 사람은 더 이상 여호와의 종이 아니라 세상의 종, 사람의 종으로 전락될 수밖에 없습니다.
우리는 세상의 종이 아니라 거룩하신 하나님의 종으로 부름받았습니다. 하나님의 풍성한 은혜를 누리며 영원한 생명을 소유한 우리가 주님께 마땅히 드려야 하는 고백이 바로 찬송입니다. 마음에 내키지 않아도 찬송해 보세요. 영적인 회복이 일어날 겁니다. 어려움이 있어도 찬송해 보세요. 우리의 주인되시는 주님께서 놀랍게 역사하실 것입니다.

2. 수많은 이유로 찬송해야 합니다

여호와를 찬송하라 여호와는 선하시며 그의 이름이 아름다우니 그의 이름을 찬양하라 (시 135:3)

시편 135편에서는 찬송의 이유를 크게 2가지 부류로 나눌 수 있습니다. 먼저는 하나님의 성품, 그분의 존재 자체로 인해 찬송해야 합니다. 그리고 하나님께서 행하신 놀라운 일들로 인해 찬송해야 합니다. 그분의 존재와 그분의 일하심으로 인해 찬송해야 한다는 겁니다. 여호와는 가장 선하시며, 아름다우신 분이십니다. 그렇기에 마땅히 그분의 위엄을 찬송해야 합니다. 4절에 보면, 우리를 하나님의 특별한 소유로 택하셨기 때문에 찬송하라고 말씀하십니다.

여호와께서 자기를 위하여 야곱 곧 이스라엘을 자기의 특별한 소유로 택하셨음이로다 (시 135:4)

또 5절에 보면, 여호와는 모든 신들보다 위대하시기 때문에 찬송하라고 하십니다.

내가 알거니와 여호와께서는 위대하시며 우리 주는 모든 신들보다 위대하시도다 (시 135:5)

또 6절에 그가 기뻐하시는 모든 일을 행하셨기에, 7절에 안개와 비, 번개와 바람을 만드시기에, 8절과 9절에 이스라엘 백성들을 놀라운 기적으로 애굽에서 구원하셨기에, 10절과 11절에 악한 왕들을 물리치셨기에, 12절에 땅을 기업으로 주셨기에 그 분만 찬송해야 함을 말씀합니다.

이뿐만이겠습니까? 13절에도 주님은 영원하시기에, 14절에 그의 백성들을 판단하시며 돌보시기에 찬송할 것을 자세히 말씀하고 있습니다. 하나님을 찬송해야 하는 이유를 찾자면 셀 수도 없이 많은 증거와 증언을 하는 것이 성경의 기록입니다.

우리가 부르는 유명한 찬양 중에 '송축해 내 영혼'이라는 찬양도 있지 않나요? 매우 성경적인 고백이라 생각됩니다. 그 후렴구가 이렇습니다. "송축해 내 영혼 내 영혼아 거룩하신 이름, 이전에 없었던 노래로 나 영원히 경배해"

그러면서 마지막 소절에 이렇게 고백합니다. "수많은 이유로 나 노래해" 한글로는, '수많은 이유로 나 노래해' 고백했지만, 영어 가사로는 '만 가지 이유로 나 노래해' 이렇게 나옵니다. 셀 수도 없이 수많은 이유로, 만 가지, 아니 만 가지가 넘는 이유로 인해, 주님께 감사하며 경배할 수밖에 없음을 알려줍니다. 우리도 오늘 말씀을 묵상하며 주님 앞에 잠잠히 생각해 보기를 원합니다.

'나는 얼마나 주님을 찬송하는 삶을 살아가고 있는가?'

주님을 찬송해야 할 수많은 이유를 떠올려 보고 적어보는건 어떨까요? 그분의 선하심과 사랑, 그분의 위대하심, 그분 존재 자체로 인한 수많은 이유, 그리고 그분이 행하신 놀라운 일들, 나를 창조하시고 영원한 구원뿐만 아니라 매일매일 새 일을 행하시는 주님의 손길을 묵상하시길 바랍니다.

찬송해야 하는 이유가 수많이 넘쳐 나는데 어느 누가 하나님을 찬송하지 아니하고 살아갈 수가 있겠습니까?

찬송의 본질은 '노래하며 찬양하는 행위'가 아닙니다.
찬송은 '찬양의 대상을 더 깊이 알아 가는 것'입니다.

바로 우리 하나님을 더 바라보고, 더 가까이 나아가며, 그분만 사랑하는 것이 진정한 찬송의 모습입니다. 매일 하나님을 알아가며 찬송하는 거룩한 종이 되시기 소망합니다.

해가 뜨는 아침에도, 노을이 지는 저녁에도, 기쁜 일이 있을 때도, 어려운 일을 만날 때도 하나님과 동행하며 주님만 찬송하는 아름다운 성도가 되시길 예수님의 이름으로 축원합니다.

우리는 세상의 종이 아니라 거룩하신 하나님의 종으로 부름받았습니다.
하나님의 풍성한 은혜를 누리며 영원한 생명을 소유한 우리가
주님께 마땅히 드려야 하는 고백이 바로 찬송입니다.

⋯

1 내가 소리 내어 여호와께 부르짖으며 소리 내어 여호와께 간구하는도다
2 내가 내 원통함을 그의 앞에 토로하며 내 우환을 그의 앞에 진술하는도다
3 내 영이 내 속에서 상할 때에도 주께서 내 길을 아셨나이다 내가 가는 길에 그들이 나를 잡으려고 올무를 숨겼나이다
4 오른쪽을 살펴 보소서 나를 아는 이도 없고 나의 피난처도 없고 내 영혼을 돌보는 이도 없나이다
5 여호와여 내가 주께 부르짖어 말하기를 주는 나의 피난처시요 살아 있는 사람들의 땅에서 나의 분깃이시라 하였나이다
6 나의 부르짖음을 들으소서 나는 심히 비천하니이다 나를 핍박하는 자들에게서 나를 건지소서 그들은 나보다 강하니이다
7 내 영혼을 옥에서 이끌어 내사 주의 이름을 감사하게 하소서 주께서 나에게 갚아 주시리니 의인들이 나를 두르리이다

시 142:1-7

Day 24

먼저 하나님을 생각하세요

　유명한 영성 고전 중에 로렌스 형제의 [하나님의 임재 연습]이라는 책이 있습니다. 거기에 보면 이런 내용이 나옵니다.
　"어떤 사람과 친해진 뒤에야 그 사람을 사랑할 수 있습니다. 그리고 어떤 사람과 친해지려면 그 사람을 자주 생각해야 합니다. 마찬가지입니다. 하나님을 사랑하려면 먼저 하나님을 자주 생각해야 합니다. 그리고 그렇게 하나님을 사랑하게 되었을 때 우리는 하나님을 더욱 자주 생각하게 될 것입니다. 우리가 귀히 여기는 곳에 우리의 마음도 있는 법이기 때문입니다. 하나님을 계속 생각하십시오."
　여러분은 하나님과 얼마나 친하게 지내고 계신가요? 하나님을 생각할 때, 친밀하고 가깝다고 느껴지시나요? 아니면, 하나님을 묵상하면 좋으신 분이라는 것은 알지만, 왠지 나와는 서먹서먹하고 조금은 어색한 관계에 계신 분이 있지는 않나요?

이 말씀을 묵상하는 분이라면, 아마도 하나님과 친밀하신 분이거나, 또는 하나님과 더욱 가까워지기를 원하는 분일 겁니다. 그런 의미에서 하나님의 임재 연습, 하나님을 계속 생각하는 믿음의 성도들 되시길 소망합니다.

오늘 하루를 시작할 때,

'주님 오늘 어떻게 살아야 하나요?'

'주님, 오늘도 힘을 주세요. 오늘도 지혜를 더해 주세요. 오늘 할 일을 주님께 맡깁니다. 앞서서 인도해 주세요.'

이렇게 하나님의 도우심을 구하며 그분을 생각하고 자주 떠올리는 우리 모두가 되기를 바랍니다.

성경에서 하나님과 아주 친밀하게 지냈던 사람을 1명 꼽으라고 한다면 누가 있을까요? 믿음의 조상 아브라함도 있겠고, 십계명을 받았던 모세도 있을 겁니다. 그런데 구약성경에서 1명만 꼽으라고 한다면 아마 오늘 우리가 묵상하고 있는 시편 142편을 기록한 다윗이지 않을까 생각하게 됩니다. 그는 늘 하나님을 생각했던 사람입니다.

오늘 본문을 보면, 표제어가 〈다윗이 굴에 있을 때에 지은 마스길 곧 기도〉입니다. '마스길'은 '깨닫다, 생각하다, 교훈하다' 이런 뜻입니다. 그러니까 표제어는 '인생의 동굴에 있을 때', 즉 '인생에서 원통한 일을 만날 때'에 어떻게 해야 하는지 교훈해 주는 시입니다.

다윗은 사울에게 쫓겨 십 수년간 도망자 생활을 했습니다. 사울 1명이 죽이려고 쫓아오는 것이 아니라 그의 군사 수천 명이, 아니 이스라엘 전 군사가 죽이려고 달려드는 매일매일 지옥 같은 도망 생활이었습니다. 도망가다가 더 이상 갈 곳이 없을 때, 마지막으로 죽음을 각오하고 피했던 곳이 동굴이었습니다. 그곳은 막힌 곳이라 사울이 알고 쳐들어오면 더 이상 후퇴할 곳도 없는 인생의 끝자락이었습니다.

다윗은 도망자 생활을 하며 사무엘상 22장에 나오는 아둘람 굴과 사무엘상 24장에 나오는 엔게디 동굴에 숨은 적이 있었는데, 오늘 본문은 아마도 아둘람 굴에 있을 때 지은 시로 보입니다.

사울의 군사를 피해 혼자 도망쳐도 힘겨운 상황인데, 그때 그의 형들과 온 집안사람들까지 다윗을 따라 내려온 상태였습니다. 그들도 사울 왕의 위협을 견디기 어려웠을 겁니다. 이 외에도 사무엘상 22장에 보면 400명 정도의 사람들이 몰려왔는데, 그들은 모두 짓눌린 사람들, 빚에 시달리는 사람들, 억울하고 원통한 일을 당한 사람들이었습니다.

생각해 보세요. 혼자 도망치기도 힘겨운데 가족들, 거기에 세상적으로 부족한 사람들이 400명이 넘게 찾아온 겁니다. 동굴에 조용히 혼자 숨어지내기도 힘든데, 다윗이 반가웠을까요?

사람이 죽을 만큼 힘들 때, 고난을 당할 때는 자기 몸 하나 간수하기도 힘든 것이 솔직한 심정입니다. 그런데 주님은 수많은 사람을 다윗에게 맡겨 주셨습니다. 이런 상황에서 다윗이 할 수 있는 일이 무엇이었나요?

> 내가 소리 내어 여호와께 부르짖으며 소리 내어 여호와께 간구하는도다 내가 내 원통함을 그의 앞에 토로하며 내 우환을 그의 앞에 진술하는도다 영이 내 속에서 상할 때에도 주께서 내 길을 아셨나이다… (시 142:1-3上)
> 여호와여 내가 주께 부르짖어 말하기를 주는 나의 피난처시요 살아 있는 사람들의 땅에서 나의 분깃이시라 하였나이다 (시 142:5)

다윗은 주님께 부르짖으며 자신의 원통함을 그분 앞에 토로했습니다. 주님만이 나의 피난처요 나의 도움이시라고 엎드렸습니다.

이런 말이 있죠? 세상에서 가장 불쌍한 사람은 돌아갈 곳이 없는 사람이고, 반면에 세상에서 가장 행복한 사람은 돌아갈 곳이 있는 사람입니다. 그런 면에서 우리 성도는 가장 행복한 사람입니다. 우리가 돌아갈 곳, 우리를 늘 사랑으로 맞이해 주시는 우리 하나님이 계시기 때문입니다.

다윗은 이 믿음의 비결을 알았습니다. 자신이 환란을 당하고 고통을 당하지만, 또 자신의 힘으로 그 수많은 사람을 책임질 능력이 전혀 없었지만, 그 인생의 끝자락에서 하나님께만 엎드렸습니다. 수시로 그분께만 돌아갔습니다. 하나님께 해답이 있기에 하나님만 생각하고, 하나님과 친밀하게 지냈습니다.

우리는 어떤가요? 다윗처럼 동굴까지 도망 다니는 생활은 하지 않지만, 동굴처럼 깜깜한 환란이 우리를 짓누를 때가 있지 않은가요? 내 힘으로 되지 않을 때, 답답한 상황들이 우리가 살아가면서 얼마나 많나요?

이럴 때마다 우리는 어떻게 해야 할까요? 오늘 말씀처럼 하나님께 돌아가야죠. 하나님께 엎드려야죠. 하나님을 생각하고 하나님과 친밀해져야죠. 이것이 우리가 영적 전쟁터에서 살아갈 수 있는 유일한 방법입니다.

필립 얀시가 쓴 "교회, 나의 고민 나의 사랑"이라는 책에 보면 이런 내용이 있습니다.

"거기서 마더 테레사 수녀회가 섬기는 대상은 아마 지구상에서 가장 가난하고 비참한 이들일 것이다. 그들은 길거리에서 반죽음이 된 사람들을 거두고 있다. 세상은 이 자매들의 헌신과 사역의 결실에 감탄을 보내지만, 그들에게는 그 이상으로 나를 감동시키는 무엇이 있다. 바로 '평온함'이다. 그런 힘들고 거대한 일을 내가 맡는다면, 나는 허둥지둥 뛰어다니고, 헌금자들에게 팩스로 보도 자료를 보내고, 자원을 더 요청하고, 신경 안정제를 먹고, 깊어지는 절망감에 대처할 길을 모색할 것이다.

하지만 그들은 달랐다. 그들의 평온함은 하루 일이 시작되기 전으로 거슬러 올라간다. 그들은 동트기 한참 전인 새벽 4시에 일어난다. 그리고 깨끗한 수도복 차림으로 예배당에 줄지어 들어가 함께 기도하고 찬송을 부른다. 첫 '손님'을 만나기 전에 먼저 '예배'

와 '하나님의 사랑'에 잠기는 것이다."

 우리도 새벽에, 하루를 시작하기에 앞서서, 누구를 만나기 전에 먼저, 예배와 하나님 사랑에 잠기는 귀한 성도들 되시길 축복합니다. 항상 우리의 영혼이 하나님을 찾고 기도하는 것, 그분의 임재를 갈망하는 것, 이것이 우리가 매일 은혜 가운데 구해야 할 모습입니다.

 오늘도 수시로 하나님을 계속 생각하시기 바랍니다. 하나님께 돌아가시기 바랍니다. 주님과 친밀하게, 주님께 기도하며, 주님과 깊은 사랑에 잠겨 살아가시기를 소망합니다.

우리 성도는 가장 행복한 사람입니다.
우리가 돌아갈 곳, 우리를 늘 사랑으로 맞이해 주시는
우리 하나님이 계시기 때문입니다.

맺음말

우리는 시편 1편에서 시작하여 150편, "호흡이 있는 자마다 여호와를 찬양할지어다"라는 선포로 마무리되는 은혜로운 묵상의 여정을 마쳤습니다.

시작은 막막한 현실과 "주님, 언제까지입니까"라는 절규였을지 모르나, 시편의 마지막은 언제나 기쁨과 찬양으로 끝맺었습니다.

시편이 우리에게 가르쳐 준 것은 단지 고난을 피하는 요령이 아닙니다. 오히려 슬픔을 숨기지 않고, 그 절망의 밑바닥까지 하나님 앞에 솔직하게 토로하는 것이 참된 신앙의 시작임을 알려주었습니다. 그 진실한 고백을 통해, 우리는 가장 어두운 흑암 속으로 친히 들어오신 예수 그리스도의 사랑을 발견할 수 있었습니다.

유진 피터슨의 말처럼, 진실한 기도는 결국 찬양에 가까워지는 법입니다. 우리의 노엽고 두려운 감정들은 주님께 쏟아내는 순간,

결국 우리를 붙드시고 인도하시는 하나님의 크신 은혜를 찬양하는 고백으로 승화될 것입니다.

 이 책을 덮는 순간, 우리의 삶은 곧 시편 151편이 됩니다. 매일 "하나님, 오늘은 참 힘들었어요"라고 솔직히 고백할 수 있습니다. 그러나 동시에 "그래도 주님이 저를 붙드십니다"라고 믿음으로 선포하며, 한 걸음 더 나아가는 새로운 고백을 써 내려가시길 바랍니다.

 매일의 삶 속에서 우리의 모든 호흡이 살아계신 하나님을 찬양하는 이유가 되기를 소망합니다. 주님이 주시는 평안과 힘이 당신의 일상에 가득하길 간절히 축원합니다.

하나님,
오늘은 좀
힘이 들었습니다

ⓒ 2025 글 하지훈
초판 1쇄 2025년 12월 14일
지은이 하지훈
펴낸이 김용환
디자인 김지은, 김유린
발행처 ㈜작가의탄생 | 임프린트 하이지저스
주소 경기도 안양시 동안구 시민대로327번길 11-41, 5층 510호
출판등록 제2024-000077호 | **대표전화** 1522-3864
전자우편 we@zaktan.com | **홈페이지** www.zaktan.com
ISBN 979-11-394-2313-6 (03230)

* 하이지저스는 ㈜작가의탄생의 기독교 자비 출판 임프린트입니다.
　이 책 내용의 전부 또는 일부를 이용하려면 반드시 저작권자와 ㈜작가의탄생의 서면동의를 받아야 합니다.

* 잘못된 책은 바꾸어 드립니다.
* 책값은 뒤표지에 있습니다.